MAY B. LANGHELLE
HEIDI BJØRNSDOTTER THORVIK

NATÜRLICH SCHÖNES FEST

Dekorationen
und Leckereien
zu Weihnachten

Bald ist wieder Weihnachten und damit die schönste Zeit im Jahr: Adventskalender werden aufgestellt, Weihnachtsdeko gebastelt und Plätzchen gebacken.

Dieses Buch richtet sich an all diejenigen, die es lieben, in der Vorweihnachtszeit ausgiebig zu backen und zu basteln, aber auch an alle, die es sich gern mit einem schönen Buch wie diesem gemütlich machen und einfach nur das Schmökern genießen. Wir möchten Sie mit diesem Buch zum Nachbasteln anregen, Inspiration für eigene Handarbeitskreationen geben und Ihnen unsere norwegischen Weihnachtstraditionen und Backklassiker näherbringen. Ob allein oder gemeinsam mit anderen, bei sich zu Hause, im Kindergarten oder in der Schule: Häkeln, Nähen, Basteln und Backen macht Spaß. Wir hoffen, dass auch Väter, Opas, Onkel und andere Männer mit geschickten Fingern Lust auf Bastel- oder Handarbeiten bekommen!

Wir, die Autorinnen dieses Buches, sind Heidi Bjørnsdotter Thorvik und May B. Langhelle. Heidi ist Kunst- und Handarbeitslehrerin und betreibt darüber hinaus ihre eigene kleine Firma *Vølt*, über die sie selbst gemachte Designprodukte aus Recyclingmaterialien vertreibt. May ist Fotografin und hat in Norwegen bereits zwei Bücher zu den Themen Babykleidung stricken und Kinderkleidung nähen herausgebracht.

Wir finden es wichtig, Traditionen beizubehalten und alte Handarbeitstechniken nicht aussterben zu lassen. Daher haben wir alte Anleitungen herausgekramt, sie mit neuen Techniken und modernen Herangehensweisen verknüpft und damit etwas ganz Neues geschaffen, das dennoch Erinnerungen an alte Zeiten weckt.

Alte, gebrauchte Dinge haben immer diesen Charme des Geheimnisvollen. Wer hat sie wohl zuvor besessen und welche Geschichten könnten sie erzählen? Die Jahre haben Spuren an den Dingen hinterlassen und sie zu etwas Einzigartigem gemacht. Warum also neue Materialien kaufen, wenn die alten so viel schöner sind und man daraus zudem noch echte Einzelstücke kreieren kann?

Inspiration fanden wir überall und oft an ganz unerwarteten Orten. Weihnachtliche Deko-Elemente, die wir aus unserer Kindheit kennen, haben wir neu interpretiert und ihnen einen frischen neuen Anstrich verpasst. Bei den Backrezepten haben wir hingegen keine Experimente gemacht, sondern stellen nur über Generationen erprobte, echte norwegische Weihnachtsklassiker vor. Manchmal ist das Altbewährte eben doch das Beste! Stöbern nun doch auch Sie einmal in Ihren Stoff- und Garnresten oder Ihren Bastelmaterialien und lassen Sie sich inspirieren! Darüber hinaus hoffen wir, dass Sie Gefallen an den kleinen weihnachtlichen Geschichten und Gedichten finden werden, mit denen wir dieses Buch gespickt haben.

FROHES FEST wünschen Heidi und May

Kerzenschein

In der dunklen Jahreszeit machen wir es uns gerne bei Kerzenschein gemütlich, doch Kerzenschein ist in der Weihnachtszeit auch ein sehr symbolträchtiges Licht – zum Beispiel auf dem Adventskranz. Das Wort Advent leitet sich vom lateinischen Ausdruck *Adventus Domini* (Ankunft des Herrn) ab. Ursprünglich war der Advent eine Fastenzeit, in der man montags, mittwochs und freitags fastete, um sich innerlich auf die Feierlichkeiten rund um Christi Geburt vorzubereiten.

Violett ist in der Kirche eine liturgische Farbe, die Sinnbild für den Übergang und die Verwandlung ist und manchmal auch bei Beerdigungen getragen wird. Violett entsteht beim Mischen von Rot und Blau: Rot für das Blut, das Feuer und die Liebe und Blau für den Himmel und die Hoffnung.

Buchecker-Engel

Mit ihren hübschen Leinenkleidern und Umhängen aus Bucheckern muten diese kleinen Engel fast ein wenig mittelalterlich an. Besonders festlich wirkt eine ganze Engelschar am Weihnachtsbaum!

Sie benötigen Reste von Leinen und dünner Seide, Heißkleber, dünnen Metalldraht, eine kleine Holzperle und eine Buchheckerschale.

Mithilfe einer kleinen runden Schablone einen Kreis aus dem Leinen ausschneiden. Ein wenig Heißkleber in die Mitte des Stoffs geben und den Stoff mit dem Kleber nach unten in die Buchecker drücken. Die Perle auf einen 15 cm langen Draht fädeln und aus dem einen Ende zuerst einen Heiligenschein und dann einen Aufhänger formen. Das andere Ende in der Perle mit Heißkleber fixieren. Aus dem Seidenstoff ein Herz ausschneiden und als Flügelpaar an den Engelrücken kleben. Zuletzt die Perle als Kopf an die Buchecker kleben.

Ziehharmonika-Engel

Sie benötigen Leinenstoffreste, dünnen Metalldraht und eine Holzperle (ca. Ø 10 mm) für den Kopf.

Aus dem Leinen ein Dreieck (ca. 10 cm x 12 cm) zuschneiden und ein Herz für die Flügel ausschneiden. Nun das Dreieck wie eine Ziehharmonika falten und bügeln. Dazu immer abwechselnd falten und die Knicke durch Bügeln fixieren. Mittig durch alle Falten einen dünnen Metalldraht fädeln – auch durch das Herz, das zu den Flügeln wird. Schließlich die Holzperle als Kopf auffädeln und den restlichen Draht zur Aufhängung verwenden.

24
21
13
18

Adventsstamm mit weisen Worten

Basteln Sie für Ihren Liebsten oder Ihre Liebste einen romantischen Kalender mit kleinen Liebesgedichten für jeden einzelnen Dezembertag. Vielleicht braucht auch ein guter Freund eine Aufmunterung und freut sich über einen Kalender mit lustigen oder weisen Sprüchen? Wenn Sie die Löcher ausreichend groß bohren, lässt sich der Kalender anschließend zu einem Bleistifthalter umfunktionieren.

Einen kleinen Baumstamm auf die gewünschte Höhe (hier ca. 12 cm) zurechtsägen. Bohren Sie oben 24, etwa 3 cm tiefe Löcher ein. Wenn Sie einen 10mm-Bohrer verwenden, können Sie den Baumstamm anschließend als Bleistifthalter nutzen. Die Stammoberfläche mit Schleifpapier abschmirgeln.

Kleine Papierstücke zuschneiden und mit dem gewünschten Text beschriften. Die Papiere auf einen Bleistift rollen, mit einem dünnen Faden umwickeln und zubinden. Dann mit kleinen nummerierten Etiketten versehen.

Gummisterne

Alte Fahrradschläuche kann man wunderbar wiederverwerten, indem man mit einer Schere hübsche Sterne daraus ausschneidet und mit einer Schnur zu einer Girlande verbindet!

Für dieses Projekt können Sie alte Fahrrad- oder LKW-Schläuche verwenden. Die Schläuche aufschneiden, aufklappen, gut abschrubben und abtrocknen. Dann Sterne aufzeichnen und ausschneiden. Mit einer Ahle oder einer dicken Nadel zwei Löcher in jeden Stern stechen und diese auf eine dicke Hanfschnur auffädeln.

Weihnachtssterne aus Stoff

Diese Idee stammt aus den 1970ern, als in Norwegen Weihnachtsschmuck größtenteils aus Filz gebastelt wurde. Damals gestaltete man die Sterne wie einen klassischen Weihnachtsstern in Rot und Grün und mit Perlen als Blütenstempel. Wir haben uns für helle Sterne aus Leinen und Knötchenstiche statt der Perlen entschieden.

Sie benötigen Leinenreste und dünnen Leinenfaden.

Die drei unterschiedlich großen Sterne nach Vorlage (siehe S. 210/211) ausschneiden, übereinanderlegen und mit vielen Knötchenstichen in der Mitte zusammennähen.

Aus altem Holz mit viel Patina und Charakter lassen sich hübsche Kerzenständer herstellen. Damit das Holz kein Feuer fängt, die Löcher mit Kerzenhaltern aus Metall versehen.

Holzkerzenständer

Sie benötigen ein neues oder altes Holzstück mit Patina, Metallkerzenhalter, die in Bastelgeschäften erhältlich sind sowie einen Handbohrer oder eine Bohrmaschine mit Spezialbohrer.

Den Baumstamm oder Balken in der gewünschten Größe zusägen. Unser Baumstamm ist 15 cm hoch und hat einen Durchmesser von 10 cm, der Balken misst 19 cm x 15 cm x 9 cm. Mit einem Handbohrer ausreichend große und tiefe Löcher für die Kerzenhalter bohren. Diesen Bohrer zu handhaben, ist leichter als man denkt – sogar Kinder können dabei helfen. Man muss ihn lediglich im richtigen Winkel halten und etwas Druck ausüben. Andernfalls eine Bohrmaschine mit Spezialbohrer einsetzen. Lassen Sie sich im Baumarkt beraten. Leichter wird das Bohren, wenn Sie das Holz mit Zwingen an einem Tisch befestigen.

Schließlich die Holzoberfläche mit Schleifpapier abschmirgeln.

TIPP!
Der Kerzenständer ist leichter zu reinigen und erhält auch eine tiefere Färbung, wenn Sie das Holz einölen. Verwenden Sie neutrales Öl aus der Küche, z. B. Sonnenblumenöl, oder Erdnussöl aus der Apotheke.

Kerzenständer aus Birkenscheiten

Aus Birkenscheiten lassen sich ungewöhnliche Kerzenständer herstellen! Verbinden Sie vier Scheite zu einem alternativen Adventskranz oder stellen Sie die Scheite einzeln auf – beides wirkt ungemein dekorativ! Wir haben die Löcher mit Metallkerzenhaltern versehen – schließlich soll das Ganze ja nicht in Flammen aufgehen!

Trockene Birkenscheite mit einer Kappsäge auf dieselbe Länge zusägen und die Schnittflächen gut mit Schleifpapier abschmirgeln. Dadurch entsteht ein schöner Kontrast zur rauen Rinde. Zuletzt die Holzscheite mit Zwingen an einem Tisch fixieren und mit einer Bohrmaschine oder einem Handbohrer passend große Löcher für die Kerzenhalter einbohren.

13
14
15
16
17
18
20
21
22
23
24

Mithilfe eines Adventskalenders zählt man die Tage bis zum großen Fest. In alten Zeiten hat man dazu Kreidestriche an die Tür gezeichnet oder täglich eine Kerze angezündet.

Anregungen für Adventskalender

Wer einen Aktivitätenkalender für Kinder basteln und Stress in der Adventszeit vermeiden möchte, sollte den Kalender nicht komplett im Voraus fertigstellen, sondern nach und nach. Platzieren Sie die Überraschung immer am Abend zuvor – zum Beispiel in einer Vase oder einer Schale. So können Sie spontan entscheiden, für welche Aktivität am nächsten Tag genügend Zeit ist. Wählen Sie dabei eine Überraschung, die nicht mit Stress verbunden ist, schließlich soll es ja Spaß machen!

Aktivitäten

- ❄ Marzipan selbst machen: Am ersten Tag die Mandeln häuten, am nächsten Tag zu Marzipan verarbeiten und am dritten Tag daraus Figuren herstellen.
- ❄ Plätzchen backen und die Ausstechformen in den Kalender stecken.
- ❄ Ein Lebkuchenhaus basteln. Die Vorlage dabei selber machen (siehe S. 32).
- ❄ Die Plätzchen oder das Lebkuchenhaus dekorieren.
- ❄ Weihnachtswunschzettel schreiben. Die Wünsche auf hübschem Papier mit einem schönen Stift festhalten.
- ❄ Weihnachtskarten und Geschenketikette basteln.
- ❄ Weihnachtskarten schreiben.
- ❄ Einen Nikolausstiefel basteln.
- ❄ Popcorn machen und gemeinsam einen schönen Weihnachtsfilm anschauen.
- ❄ Ein Puzzle kaufen und die Teile auf 24 Säckchen verteilen. Dann jeden Tag ein bisschen puzzeln.
- ❄ Zimmer aufräumen und weihnachtlich dekorieren.
- ❄ Freunde zum gemeinsamen Plätzchenbacken einladen.
- ❄ Aus Bienenwachsplatten Kerzen rollen.
- ❄ Meisenkugeln selbst basteln.
- ❄ Orangen mit Nelken spicken.
- ❄ Einen Weihnachtsbaum kaufen.
- ❄ Essen gehen.
- ❄ Weihnachtslieder üben.
- ❄ Die Weihnachtsgeschichte vorlesen.
- ❄ Einen Spaziergang im Dunkeln machen.
- ❄ Ins Kino gehen.
- ❄ Kakao mit Sahne selbst machen.
- ❄ Eine Schneeballschlacht machen.
- ❄ Schlittschuh laufen oder Schlitten fahren.

Engelkalender

1908 veröffentlichte der Münchner Verleger Gerhard Lang den ersten gedruckten Adventskalender. Die Idee kam von seiner Mutter, die für ihn als Kind 24 kleine Gebäckstücke an einem Karton befestigt hatte, von denen er jeden Tag eines abnehmen durfte. Langs erster Kalender bestand aus einem Karton, auf den 24 religiöse Bildchen geklebt wurden. Etwas später ließ er den ersten, mit Schokolade gefüllten Adventskalender fertigen.

Wir haben uns von Gerhard Langs erstem Adventskalender inspirieren lassen und 24 Kinderzeichnungen von Engeln mit der Weihnachtsgeschichte kombiniert.

Sie benötigen eine Holzplatte (ca. 20 cm x 18 cm).

Die Kanten mit Schleifpapier abschmirgeln. Zwei Löcher einbohren, lange Nägel einschlagen und an der Rückseite der Platte einen dünnen Metalldraht zur Aufhängung befestigen. Aus dickem Karton Karten (8 cm x 11 cm) ausschneiden und mit einer Lochzange je ein Loch einstanzen. Die Weihnachtsgeschichte in 24 Abschnitte teilen. Den Text von Hand auf weiße Papierstücke schreiben oder ausdrucken. Dann die Papiere auf die Karten kleben, durchnummerieren und die Kartenrückseite mit einem Engelbild bekleben. Beim täglichen Umblättern sind so immer ein Engel und ein Bibeltext zu sehen.

Adventskalender mit 24 Nägeln

Hier haben wir 24 kleine Tütchen mit Nägeln an einem Holzbrett befestigt, in die man nette Kleinigkeiten stecken kann, zum Beispiel: auf Zetteln notierte, für den Tag geplante Aktionen, kleine Aufmerksamkeiten oder Süßkram – ganz davon abhängig, wie groß die Tütchen sind und was darin Platz findet.

Die kleinen Tütchen sind aus Papier genäht, man kann aber auch fertige Tüten kaufen.

Ein Holzbrett in der gewünschten Länge zusägen (z. B. 30 cm x 80 cm), alternativ zwei größere Bretter aneinander leimen. Dann die Kanten mit Schleifpapier abschmirgeln. Nun Löcher für die Nägel bohren und diese einschlagen. Die Papiertüten mit der Nähmaschine zusammennähen. Die Fadenenden dabei jedoch nicht abschneiden, sondern als Deko-Element hängen lassen.

Mit einer Lochzange Löcher in die Tütchen stanzen und die Zahlen aufstempeln. Oben am Brett zwei Löcher für die Aufhängung bohren und eine Schnur durchfädeln, die dick genug ist, um das Gewicht des Adventskalenders zu tragen.

Anstatt alle Kleinigkeiten auf einmal an den Nägeln zu platzieren, können Sie auch mit einem leeren Kalender starten und dann Tag für Tag eine neue Überraschung aufhängen. Zum Beispiel einen Engel aus Dosen (siehe rechte Seite). Wenn der Kalender vollhängt, ist Heiligabend!

Dosenengel

Wussten Sie schon, dass sich in Ihrem Leergut ganze Heerscharen an Engeln befinden? Sie leben in den leeren Getränkedosen, für die Sie eigentlich noch Pfand kassieren wollten, und müssen erst einmal von Ihnen befreit werden. Als Werkzeug eignet sich dafür eine kräftige, alte Schere, die bereitwillig für die Metallbearbeitung geopfert werden kann. Schon bald werden Sie dann von wunderschönen kleinen Engelchen mit Pfandzeichen oder wohlbekannten Logos umringt sein. Die Inspiration für diese Engel fanden wir in einem kleinen Laden in den Alpen, in dem handgefertigte Dinge aus Afrika angeboten wurden. In Afrika ist es vielerorts üblich, aus alten Metallgegenständen Spielzeuge oder Deko-Elemente zu basteln. Durchstöbern Sie also Ihr Leergut und entdecken Sie die Möglichkeiten!

Sie benötigen Getränkedosen, eine Schere, Holzperlen für die Köpfe (Ø 18 mm), kleine Perlen zur Deko und dünnen Metalldraht.

1 Den Dosendeckel ab- und die Dose längs aufschneiden. Den Boden abtrennen und die Innenseite reinigen und abtrocknen.

2 Die Vorlage (siehe S. 211) auf die Oberseite der Dose legen und den Umriss mit einem Nagel einritzen. Je nach Höhe der Dose das Engelkleid evtl. verlängern. Übertragen Sie auch die Markierungen und Schlitze der Vorlage. Den Engel ausschneiden und die Schlitze in die Flügel schneiden.

3 Für die Arme mit einem Nagel Löcher in die runden Markierungen schlagen. Die markierten Schlitze mit einem alten Beitel oder Cutter einschneiden.

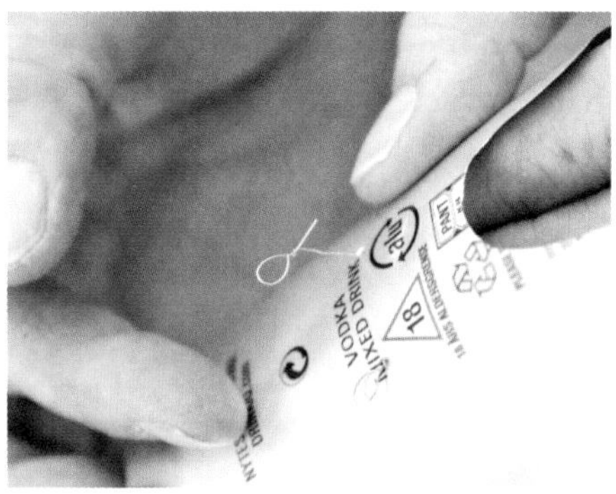

4 An der Doseninnenseite einen ca. 12 cm langen Draht durch die Nagellöcher fädeln.

5 An der Vorderseite den Draht für die Arme zu einer Schlaufe formen und gut verzwirbeln.

6 Den Metalldraht an der Rückseite hoch zum Engelhals führen.

7 Den Engel zusammensetzen, dabei den einen Flügel durch den Schlitz des anderen führen. Die beiden Klappen an der Rückseite in die Schlitze auf der gegenüberliegenden Seite stecken und innen umklappen.

8 Für den Kopf eine Holzkugel und eine kleine Perle über die Drahtenden fädeln.

9 Aus dem überstehenden Draht einen Heiligenschein oder einen Aufhänger formen. Alternativ können Sie die Engel noch mit einer Krone, Krawatte, Perlenkette o. Ä. verzieren.

Näringsvärde
Energivärde: 160 kJ
Protein:
Kolhydrater:
- varav sockerarter
Fett:
- varav mättat fett
Fiber
Natrium
PANT
1 KR

Dosengirlande

Schneiden Sie aus alten Getränkedosen Herzen oder Sterne aus und fädeln Sie sie auf einen dünnen Metalldraht. So entsteht eine wunderschöne Deko für den Weihnachtsbaum, die Wand oder die Deckenlampe. Auch um einen Kerzenständer oder eine Kerze gewickelt ist sie ein Hingucker. Wir finden: Endlich mal ein brandsicherer Kerzenschmuck!

Getränkedosen aufschneiden und reinigen (siehe S. 20).

Schneiden Sie nun viele verschieden große Sterne oder Herzen aus. Je unterschiedlicher in Form und Größe, desto besser! Bitten Sie dafür zum Beispiel Ihre Kinder, ein Blatt Papier für Sie mit Sternen zu bemalen. So erhalten Sie wunderschöne, „naive" Formen, die Sie als Vorlagen verwenden können. In jedes Element wie bei einem Knopf mit einem Nagel zwei Löcher einstanzen. So bleiben die aufgefädelten Elemente an ihrem Platz und verrutschen nicht.

Klorollen-Wichtel

Es ist vielleicht etwas gewöhnungsbedürftig, doch in Norwegen basteln Kinder gerne Wichtel aus Klorollen. Auch wir haben sie im Kindergarten gemacht und dann stolz nach Hause getragen – zum Beispiel als Geschenk für unsere Eltern.

Klorollen-Wichtel gibt es in unzähligen verschiedenen Varianten mit lustigen Gesichtsausdrücken. Leider sind sie in weihnachtlichen Wohnreportagen nur selten zu sehen, da sie als nicht stylisch genug gelten. Wir holen sie dennoch aus ihren dunklen Verstecken und ehren sie in ihrer ganzen Vielfalt!

Wichtelparty

Legen Sie sich eine Klorollensammlung zu und laden Sie zu einer Wichtelparty ein – ein Riesenspaß für Groß und Klein!

Sie benötigen Schaffellreste, Textilkleber, Holzperlen, Wackelaugen, alte Wollpullover oder Filzreste, Nähnadeln, kräftiges Garn und kleine Glöckchen für die Mützen.

Den Filz oder das Fell als Bart bzw. Gesicht aufkleben. Für die Augen Holzperlen oder Wackelaugen verwenden.

MÜTZE: Nachdem der Wichtel mit einem Bart ausgestattet wurde, den Kopfumfang messen und aus dem Wollstoff ein passendes Dreieck ausschneiden. Sie können eine aufrecht stehende Mütze oder eine Schlappmütze kreieren. Den Kopfschmuck mit groben Heftstichen zusammennähen und ein Glöckchen befestigen. Geben Sie dann den Wichteln Namen und denken Sie sich eine Geschichte über sie aus! Ludvik und Mikkel haben uns hier beim Wichtelbasteln geholfen.

Nudisten-Wichtel

Für diese Nackedeis zunächst aus festem Karton Mützen ausschneiden, unten mit Schlitzen versehen und dann auf die Klorollen stecken. Anschließend die „hervortretenden Merkmale" mit Holzperlen und kleinen Zweigen nachahmen. Für gute Freunde mit der richtigen Portion Humor sind diese Wichtel das perfekte Mitbringsel. Finden Sie sie nicht auch lustig?

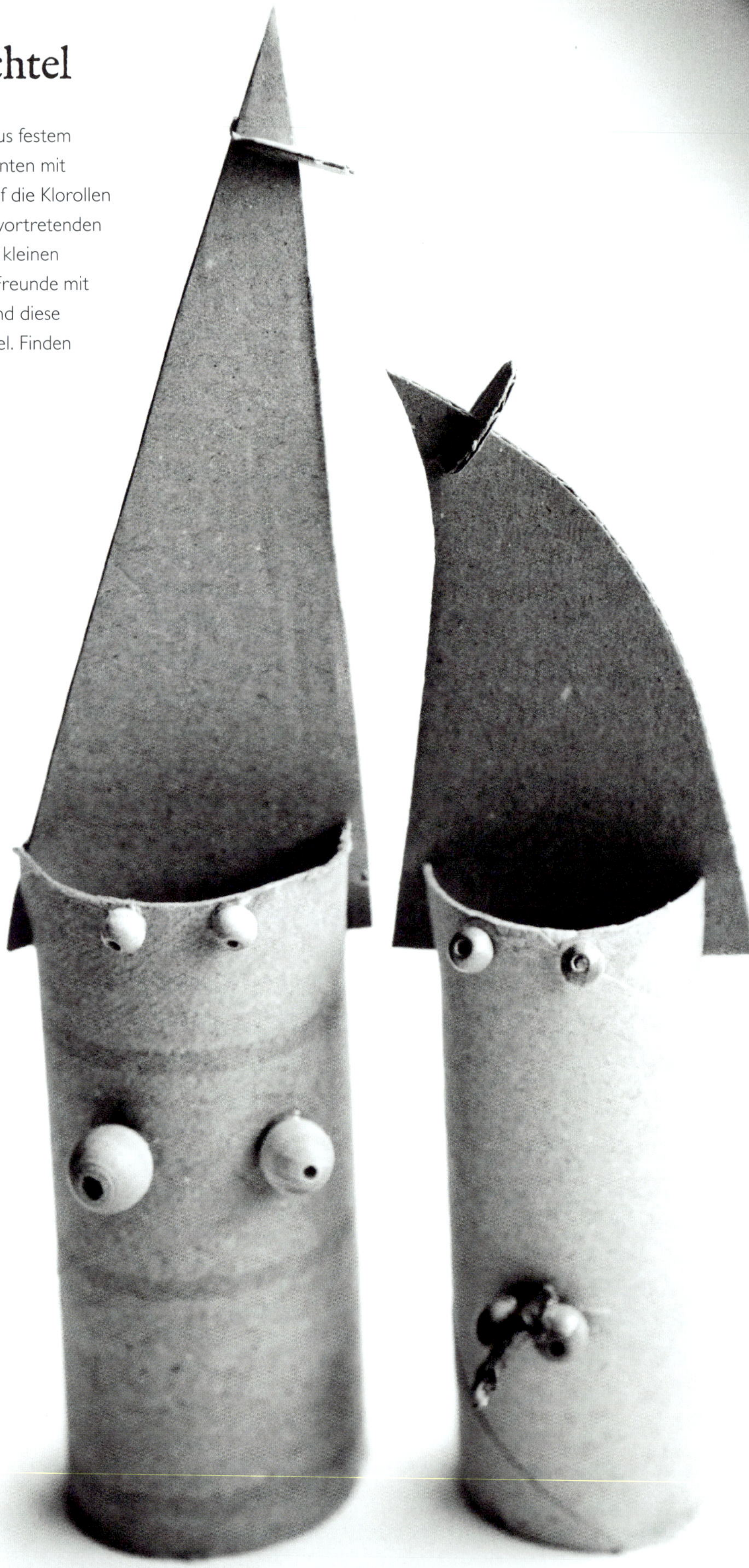

Pfefferkuchenherzen am Stiel

Schon im Mittelalter überreichte man herzförmige Pfefferkuchen als Zeichen der Liebe. Dieser Brauch entsprang vermutlich einer Geschichte über einen polnischen Bäcker, der sich in die schöne, aber kalte Katharina verliebt hatte. Er gewann ihr Herz erst, als er ihr auf ihr Geheiß hin den besten Honigkuchen der Welt backte. Als sie den herrlichen Honigkuchen kostete, verstand sie, wie süß die Liebe ist und erhörte ihn. Nachfolgend wurde dieser Honigkuchen Kathrinchen genannt und in Herzform gebacken.

Wir haben unsere Herzen aus gewöhnlichem norwegischem Pfefferkuchenteig gebacken und mit Glasur verziert – das Rezept finden Sie auf der folgenden Seite.

Den Teig etwa 5 mm dick ausrollen und Herzen ausstechen, die höchstens 12 cm breit sind. Die Herzen im vorgeheizten Backofen bei 175 °C etwa 10 Minuten backen und in die noch heißen Kekse Schaschlikspieße stecken. Auf einem Kuchengitter abkühlen lassen.

Pfefferkuchen, eine unserer ältesten Backwaren, wurden schon im 15. Jahrhundert gebacken, als man noch alle exotischen Gewürze kurz als „Pfeffer“ bezeichnete. Pfeffer selbst war damals ein sehr kostspieliges Gewürz, das sich nicht jeder leisten konnte. Daher gibt es viele Pfefferkuchenrezepte, die gar keinen Pfeffer enthalten. Wir machen es wie in einem norwegischen Kinderlied und geben auch einen Teelöffel Pfeffer mit in den Teig.
Gewürze verlieren leider schnell ihr Aroma, deshalb lohnt es sich, für diesen Teig in neue Gewürze zu investieren. Am besten schmecken die Pfefferkuchen frisch gebacken und mit einem Glas Milch… mhmmm!

Norwegische Pfefferkuchen

250 g Zucker
250 g Zuckerrübensirup
1 EL Zimt
2 TL Ingwerpulver
1 TL gemahlene Gewürznelken
1 TL gemahlener Pfeffer
1 ½ TL gemahlener Anis
250 g Butter
2 Eier
ca. 800 g Mehl
1 EL Natron

Zucker, Sirup und Gewürze in einem Topf aufkochen. Vom Herd nehmen, die Butter hinzufügen und rühren, bis sie geschmolzen und die Mischung leicht abgekühlt ist. Die Eier unterrühren, dann Mehl und Natron hineinsieben und einarbeiten. Den Teig in Frischhaltefolie einwickeln und über Nacht in den Kühlschrank stellen. Auf einer leicht bemehlten Arbeitsfläche den Teig etwa 3 mm dick ausrollen und daraus Figuren ausschneiden oder ausstechen. Im vorgeheizten Backofen bei 175 °C etwa 10 Minuten backen. Die Pfefferkuchen auf einem Kuchengitter abkühlen lassen und mit Glasur verzieren.

TIPP!
Der Teig lässt sich gekühlt am besten ausrollen. Nehmen Sie ihn daher in kleinen Portionen nach und nach aus dem Kühlschrank. Ist der Teig zu weich, noch etwas Mehl unterkneten.

Glasur

Eine ganz wundervolle Glasur entsteht, wenn Sie Eiweiß und Puderzucker gemeinsam steif schlagen. Diese Glasur ist einfach zu verarbeiten, wird schneller fest und hält viel besser die Form als gewöhnlicher Zuckerguss. Wenn Sie ganz viele Pfefferkuchen dekorieren müssen, rühren Sie eine Glasur aus 3–4 Eiweißen an. Reste können Sie ein paar Tage im Kühlschrank aufbewahren und müssen bei erneutem Gebrauch nur noch einmal aufgeschlagen werden.

1 Eiweiß
2 Tropfen Zitronensaft
150–180 g Puderzucker
etwas Natron

Das Eiweiß mit dem Zitronensaft steif schlagen. Nach und nach den gesiebten Puderzucker und Natron unterrühren, bis eine feste, geschmeidige Glasur entstanden ist. Die Glasur in einen kleinen Spritzbeutel füllen. Alternativ in einen Plastikbeutel geben und eine Ecke abschneiden.

Sterne

Wer Pfefferkuchen mit „Fenster“ backen möchte, muss dafür zunächst ausgestochene und mit einem Loch versehene Pfefferkuchen auf ein Backblech legen. Dann Bonbons mit Geschmack nach Wahl zerstoßen, in die „Fenster“ legen und die Kekse backen. Auf dem Backblech abkühlen lassen und erst danach auf ein Kuchengitter legen. Auch Fenster für ein Pfefferkuchenhaus lassen sich auf diese Weise gestalten.

Vorsicht! Die Bonbons werden beim Backen glühend heiß. Für Kinder heißt das also: Finger weg!

Elia's gruselige Monsterkekse

Man braucht nicht unbedingt Ausstecher, um schöne Pfefferkuchen herzustellen. Lassen Sie die Kinder auf den Teig los und geben Sie ihnen ein Buttermesser zum Ausschneiden in die Hand. Siehe da, es entstehen lustige Figuren und Monster! Beim Transport der Rohling-Monster zum Backblech wurde Elia übrigens von Mama unterstützt.

Pfefferkuchenhaus-Vorlage aus Kinderhand

Für ein stilechtes Pfefferkuchenhaus braucht man keine Vorlage aus dem Internet! Ihre Kinder helfen bestimmt gern und zeichnen Ihnen ein tolles Haus auf ein Stück Papier, das Sie als Schablone verwenden können. Zwar wird es krumm und schief, dadurch aber auch hundertprozentig einzigartig! Mit Glasur verzieren oder einfach „unverputzt" lassen.

Das Pfefferkuchenhaus zusammensetzen

Der beste Klebstoff zum Zusammensetzen eines Pfefferkuchenhauses ist geschmolzener Zucker. Lassen Sie also einfach etwas Zucker in einer Pfanne hellbraun karamellisieren. Dann die Kanten der Wände, die sie aneinandersetzen möchten, in den Karamell tauchen und die Wände rasch zusammenfügen. Kinder müssen Abstand halten, da Zucker wirklich glühend heiß wird. Passen Sie deshalb auf Ihre Finger auf! Sie können das Haus auch mit Glasur zusammensetzen, doch die wird nicht so schnell fest wie geschmolzener Zucker.

Das kleine Dorf, das Weihnachten vergessen hatte

Hoch oben auf dem Berg lag ganz einsam ein kleines Dorf.

Die Menschen, die dort wohnten, waren genauso wie andere Leute in anderen Dörfern. Manche waren groß, andere waren klein; einige waren fleißig, andere waren faul; manche mochten Fischfrikadellen lieber als Fleischbällchen und andere mochten Fleischbällchen lieber als Fischfrikadellen. Sie waren alle sehr verschieden, doch in einem waren sie alle gleich. Sie waren alle furchtbar vergesslich. Und sie vergaßen die merkwürdigsten Dinge!

So vergaßen sie einmal, sich Schuhe anzuziehen. Es war den ganzen Sommer recht heiß gewesen und alle waren barfuß gegangen. Als es dann Herbst wurde, vergaßen sie, sich Schuhe anzuziehen. „Du liebe Güte, wie kalt es jetzt ist!", sagten sie zueinander. „Ja, ich weiß gar nicht, wie das gehen soll, wenn es noch kälter wird", sagten sie. „Am schlimmsten wird es, wenn der Schnee kommt", sagten sie. Als dann der Schnee kam, liefen sie noch immer barfuß umher und sagten: „Oh, es muss jetzt schon viele Grade unter null sein!" Und sie liefen herum und froren.

Eines Tages standen zwei alte Frauen an einer Weggabelung, hielten ein Pläuschchen und froren an den Beinen. Da sahen sie einen kleinen Jungen, der den Schmied fragte, warum er die Pferde mit Hufeisen beschlug und plötzlich wurde den Frauen klar, dass sie vergessen hatten, sich Schuhe anzuziehen. Also eilten die Frauen nach Hause und zogen sich Schuhe an. Danach ging die eine Frau nach Osten und die andere Frau nach Westen und beide erzählten den Leuten, warum sie an den Beinen gefroren hatten. Da zogen sie sich alle Schuhe an.

Ein anderes Mal vergaßen sie zu essen. Schließlich wurden alle krank, mussten sich hinlegen und den Arzt rufen. Der Arzt konnte aber nicht kommen, da auch er vergessen hatte zu essen und genauso krank geworden war wie die anderen. Eines Tages aber, als der Arzt kurz auf die Beine gekommen war, sah er ein Mäusekind mit einem Stück Käse im Mund. Da wusste der Arzt, was sie vergessen hatten. Er stand also auf und aß. Dann machte er im ganzen Dorf Krankenbesuche und sagte, dass sie nur vergessen hatten zu essen. Da standen sie alle auf und aßen und wurden wieder gesund.

Am schlimmsten aber war es, als sie vergessen hatten, dass Weihnachten war. Am Tag vor Heiligabend hatte noch keiner das Haus geputzt. Keiner hatte einen Weihnachtsbaum aufgestellt und in den Schaufenstern der Läden stand kein einziger Weihnachtsmann. Die Schulkinder sangen in der Schule „Komm, lieber Mai, und mache" und in keiner Keksdose im ganzen Dorf gab es ein einziges Weihnachtsplätzchen.

In einer kleinen Stube ganz oben im Dorf, direkt neben dem Wald, saß ein kleines Mädchen und dachte lange nach. Es war erst fünf Jahre alt und hüpfte, tanzte und spielte sonst den ganzen Tag, doch jetzt saß es einfach da und dachte nach. Es ging in den Wald und schaute sich die kleinen Tannenbäume an. „Wir haben wieder irgendetwas vergessen", sagte das kleine Mädchen zu sich selbst. „Es hat etwas mit einer kleinen Tanne zu tun, aber ich weiß nicht mehr, was es ist."

Da lief das Mädchen in die Stube zurück und nahm eine Schere und ein Blatt Papier. „Es hat auch etwas mit einer Schere zu tun", dachte das Mädchen. „Aber ich weiß nicht mehr, was es ist."

Dann ging das Mädchen in die Scheune und sah dort ein Kornbündel, das ihr Vater an einem Dachbalken aufgehängt hatte, damit die Mäuse es nicht erreichen konnten. „Es hat auch etwas mit diesem Kornbündel zu tun", dachte das Mädchen und sah sich um. Da fiel ihr Blick auf die lange Stange, auf die das Kornbündel im Winter immer für die Vögel gesetzt wurde. Und plötzlich begriff das kleine Mädchen, dass bald Weihnachten war! „Oh, es ist doch der Tag vor Heiligabend!", rief das Mädchen und lief ins Haus, um es Mutter und Vater zu erzählen. Doch die waren nicht da. „Wie kann ich nur allen im Dorf sagen, dass morgen Heiligabend ist?", rief das Mädchen.

Sie versuchte, das Kornbündel an die lange Stange zu stecken, doch es gelang ihr nicht. Plötzlich aber wusste sie, was zu tun war! Die Fahnenstange! Sie wollte das Kornbündel an der Fahnenstange hochziehen! Und als sie das geschafft hatte, flog eine kleine Meise von dem obersten Zweig der höchsten Tanne herab, sodass der Schnee nur so den Stamm hinabsauste.

„Wo willst du hin, wo willst du hin?", zwitscherten die Vögel, die auf den Telefondrähten saßen. „Es ist Weihnachten,

es ist Weihnachten, das kleine Mädchen hat das Kornbündel aufgehängt!", sang die Meise.

„Wir kommen mit, wir kommen mit", sangen die Vögel und hoben alle gleichzeitig von den Telefondrähten ab, sodass allen Damen in der Telefonzentrale die Ohren klingelten.

Die Telefondamen liefen zum Fenster, um zu schauen, wo all die Vögel hinwollten. Und da fiel ihr Blick auf das Kornbündel am Fahnenmast und sie verstanden. Die Damen riefen alle im ganzen Dorf an und erzählten, dass sie vergessen hatten, dass bald Weihnachten war. Und so begannen die Leute zu backen, zu kochen und zu braten. Einige putzten das Haus und manche gingen in den Wald, um einen Weihnachtsbaum zu fällen. Einige packten die Weihnachtsgeschenke ein, die sie versteckt hatten, bevor sie Weihnachten vergessen hatten. Und manche hängten Weihnachtssterne ins Fenster.

Schließlich kletterte das ganze Dorf in einen riesengroßen Zuber, den der Schreiner gemacht hatte, während die anderen alles weihnachtlich geschmückt hatten, und badeten alle auf einmal. Und genau in dem Moment, als alle fertig waren und sich saubere Sachen angezogen hatten …

GENAU DA LÄUTETEN DIE KIRCHENGLOCKEN, UND ES WAR WEIHNACHTEN!

Holzstern

Wer wettergegerbtes Holz zur Hand hat, kann daraus einen tollen Stern im Vintage-Look basteln. Wenn Sie ihn eine Zeit lang Wind und Wetter aussetzen, kann aber auch mit neuem Holz ein ausdrucksstarker Stern entstehen.

Auf ein altes Brett einen Stern zeichnen – besonders schön wirkt eine nicht ganz so perfekte Form. Unser Stern misst von Spitze zu Spitze etwa 30 cm. Das Brett mit Zwingen an einem Tisch befestigen und den Stern mit einer Hand- oder Stichsäge aussägen.

Alle Kanten mit Schleifpapier abschmirgeln, ein Loch für die Aufhängung einbohren und eine grobe Schnur oder ein dünnes Seil einfädeln.

Nagelsterne

Aus rostigen oder auch neuen Nägeln lassen sich ebenfalls schöne Sterne fertigen. Dazu je drei Nägel mit Metalldraht zu einem Dreieck zusammensetzen und dann zwei Dreiecke zu einem Stern verbinden. Mit Draht noch einen kleinen Aufhänger befestigen – fertig!

Hier sehen Sie einen riesigen Stern aus gewachstem Papier und einen kleineren aus Birkenleder. Dieselbe Vorlage und doch ganze verschiedene Sterne.

Fröbelsterne aus Papier und Birkenleder

Riesenstern aus Papier

Der Durchmesser beträgt ca. 30 cm.

Sie benötigen Abdeckpapier (gibt es in der Farbenabteilung des Baumarkts), Bienenwachsbalsam und eine Hanfschnur zum Aufhängen.

Aus dem Papier 10 cm breite und 260 cm lange Streifen zuschneiden. Die Streifen mithilfe eines Lappens mit Bienenwachsbalsam bestreichen, das überschüssige Wachs abwischen und über Nacht auf einer Leine trocknen lassen.

Den Stern gemäß der Anleitung auf Seite 214 falten. Mit einer dicken Nadel ein Loch hineinstechen und den Stern mit einer Hanfschnur aufhängen.

Birkenlederstern

Sie benötigen Birkenleder und eine Schnur zum Aufhängen.

Die Anleitung für die Bearbeitung von Birkenleder finden Sie auf S. 130.

Damit aus dem Birkenleder ein schöner Stern entsteht, ist etwas Übung nötig. Also keine Panik, falls es nicht beim ersten Mal klappt! Wichtig ist, dass die Streifen gleich breit sind und dass Sie so dünnes Birkenleder wie möglich verwenden. Zudem müssen die Streifen gut in Wasser eingeweicht werden, damit sie nicht reißen.

Sie benötigen vier Streifen mit je 1 cm Breite und 30 cm Länge.

Die Faltanleitung finden Sie auf Seite 214.

Weihnachten ist das Fest des Lichts und damit auch das Fest der Kerzen. Früher machte jeder in Norwegen seine Kerzen aus Schaf- oder Schweinetalg noch selbst. Einmal im Jahr, nach dem Schlachten für Weihnachten, gab es einen festen Tag, an dem Kerzen gegossen oder gezogen wurden. In der Provinz Telemark glaubte man, dass die Kerzen bei klarem Wetter besonders gut würden. Niemand durfte eine Tür öffnen, da sonst ein Zug im Zimmer entstehen und die Kerzen verderben konnten. Auch durfte niemand reden, denn man glaubte, dass die Kerzen dann reißen oder beim Abbrennen tropfen würden.

Bienenwachskerzen

Wer sich seine eigenen Kerzen ziehen möchte, kann daraus ein gemütliches kleines Weihnachtsevent machen und muss dafür auch kein Schaf oder Schwein schlachten! Vielmehr benötigt man nur Bienenwachs und viel Geduld.
Wir haben viele dünne Bienenwachskerzen gezogen und in eine mit grobem Salz gefüllte Schale gesteckt. Prüfen Sie, ob jede Kerze einen guten Halt hat! Macht sich toll als Tischdeko!

SIE BENÖTIGEN

- eine große Konservendose oder einen anderen Metallbehälter. Die Kerzen werden so lang, wie der Behälter hoch ist.
- einen Topf, der ein paar Wachsflecken vertragen kann
- dünne Holzleisten, ca. 30 cm lang
- Dochte für Bienenwachskerzen in der passenden Dicke
- Bienenwachs
- eine Schraubenmutter oder ein anderes Gewicht, das man anfangs unten an den Kerzen befestigt, damit sie schön gerade werden. Dieses nach ein paar Tauchgängen abschneiden. Sie können auch ein wenig am Docht ziehen, damit die Kerzen gerade werden.

Den Herd mit Alufolie und den Boden mit Zeitungspapier schützen. Dann das Bienenwachs in die Konservendose geben und in einen Topf mit heißem Wasser setzen. Das Wasser darf nicht kochen, den Herd also auf mittlere Hitze stellen. Das Schmelzen dauert 2–3 Stunden.

Da man mit einem Docht immer zwei Kerzen auf einmal zieht, sollten Sie für diesen die Länge der Kerzen zuzüglich 10 cm für den Abstand zwischen den Kerzen berechnen. So können Sie den Docht gut halten und kommen mit den Fingern nicht in das Wachs. Platzieren Sie zwischen zwei Stuhlrücken Holzleisten und hängen Sie die Kerzen daran auf. Zuvor auch die Stühle abdecken. Die Kerzen nach jedem Tauchgang 1–2 Minuten trocknen lassen, dann weiter tauchen, bis die gewünschte Dicke erreicht ist.

TIPPS!

- Für eine gleichmäßige Kerze ist eine gleichbleibende Temperatur des Wachses wichtig.
- Das Wachs etappenweise nachfüllen. Es sollte immer so viel Wachs im Behälter sein, dass die Kerzen ganz eingetaucht werden können.

Gehören Sie auch zu den Leuten, die so lustige Dinge wie rostige, krumme, alte Nägel sammeln? Oder altes, glatt gewaschenes Treibholz vom Strand, Tannenzapfen und Stahldraht, den man vielleicht noch irgendwann gebrauchen könnte? Dann haben Sie ja schon fast alles beisammen, was Sie zum Basteln von kleinen Weihnachtsbäumen auf Sockeln benötigen. Selbstverständlich können Sie auch ganz andere Materialien verwenden oder einen ganzen Tannenwald kreieren!

Mini-Weihnachtsbäume

Sockel

Für den Sockel einen Holzklotz (5 cm x 5 cm x 6 cm) zusägen. Wir haben hierfür altes Holz verwendet.

Für den Stamm ein Loch in den Sockel bohren und diesen mit Komponentenkleber im Loch befestigen.

Nagelbaum

Für den Stamm und die Zweige unterschiedlich lange Nägel verwenden. Die Zweige mit einem dünnen Stahldraht am größten Nagel gut fixieren. Für den Stamm ein passendes Loch in den Sockel bohren und diesen darin ankleben (siehe Foto S. 43).

Weihnachtsbaum aus Stahldraht

Einen dicken Stahldraht mit einer Zange zu einem Weihnachtsbaum formen. Als Vorlage zum Beispiel eine Tanne aus Pappe ausschneiden und den Draht entlang der Kontur biegen. Ein Loch in den Sockel bohren und die Drahtenden einkleben.

Zapfenbaum

Hier haben wir einen großen Pinienzapfen aus dem Urlaub verwendet, doch heimische Tannen- oder Kiefernzapfen eignen sich genauso gut. Für den Stamm je ein Loch in den Zapfen und den Sockel bohren und den Stahldraht einkleben. Damit der Kleber gut hält, müssen die Zapfen gut getrocknet sein.

Treibholzbaum

Auf ein Brett einen Weihnachtsbaum gemäß der Vorlage auf S. 210 aufzeichnen. Nutzen Sie am besten die gesamte Breite des Bretts aus, das erleichtert das Sägen. Die Vorlage dabei gegebenenfalls anpassen. Das Brett mit Zwingen an einem alten Tisch befestigen, der ruhig ein paar Schrammen vertragen kann. Für den Stahldraht ein Loch in das Holz und den Sockel bohren und mit Komponentenkleber ankleben.

Lärchenzapfenkranz von „Befri & Bevar"

Sie benötigen einen soliden, stabilen Innenkranz aus Zweigen oder dickem Stahldraht, Blumendraht, Lärchenzweige, Tarteletteformen, einen Heißkleber und Wachsklebepads.

Binden Sie aus den Zweigen oder dem dicken Stahldraht wie auf S. 71 erklärt einen Innenkranz (Ø 45 cm). Dann einen Lärchenzweig nach dem anderen um den Kranz legen und mit Blumendraht fixieren. Bei Bedarf am Schluss noch ein paar zusätzliche Zapfen ankleben, um Löcher zu stopfen. Als Kerzenhalter alte Tarteletteformen mit dem Heißkleber an die Zweige kleben, die Kerzen mit Wachsklebepads in den Formen befestigen. Voilà, ein toller, brandsicherer Kranz (siehe Foto S. 42).

Ball aus Zweigen

Diese Dekoration ist eher etwas ungewöhnlich. Neben Zweigen und Blumendraht brauchen Sie eine ruhige Hand und ein wenig Geduld.

Wickeln Sie die Birkenzweige mit schwarzem Blumendraht wie eine Garnrolle zusammen. Sobald Sie die Zweige mit den Fingern nicht mehr zusammenhalten können, den Ball einfach mit ein paar Runden Blumendraht fixieren. Dann wieder eine Schicht Zweige herumlegen und mit Blumendraht umwickeln. Den Draht dabei so fest wie möglich anziehen und nicht zu dicke Zweige nehmen. Diesen Vorgang wiederholen, bis der Ball die gewünschte Größe hat.

Papier-Schneeflocken

Eiskristalle nicht aus weißem Papier, sondern aus Zeitungs- oder Packpapier auszuschneiden, macht nicht nur Spaß – die ungewöhnlichen Materialien sind auch ein echter Blickfang!

Den Eiskristall gemäß der Vorlage auf S. 214 ausschneiden. Mit dünnem Papier und einer scharfen Schere lassen sich hübsche kleine Details herausarbeiten. Eine Stickschere ist für diese Arbeit ideal.

Spitztüten aus Woll- und Leinenstoff

Diese niedlichen Spitztüten lassen sich mit allerlei leckeren oder hübschen Dingen füllen und aufhängen. Ganz wunderbar geeignet sind für dieses Projekt Wollpullover, die in der Wäsche verfilzt sind.

Die Vorlage auf S. 210 auf Butterbrotpapier übertragen und damit aus den Stoffen die Spitztüten ausschneiden. Den Leinenstoff mit aufgebügelter Vlieseline verstärken.

Die geraden Kanten links auf links aufeinanderlegen und mit einfachen Heftstichen zusammennähen. Aus dünnem Metalldraht einen Aufhänger formen und an der Tüte befestigen. Zuletzt noch ein kleines Deko-Detail anbringen, z. B. eine alte Schraube, einen kleinen Stock, einen Stein aus dem Urlaub oder einen aus Gummi ausgeschnittenen Stern. Die Tüten bis zum Rand füllen und an einem geeigneten Ort aufhängen.

Irgendwie sind die süßen Garnwichtel, die wir aus unserer Kindheit kennen, vollkommen von der Bildfläche verschwunden. Deshalb haben wir sie mit gedeckten Farben neu „erfunden" und einfach Wollgarn- und Leinenreste in Form von lustigen Kerlchen zum Leben erweckt.

Garnwichtel in Naturfarben

Der größte Wichtel besteht aus Vorgarn, also halb fertigem Wollgarn, die anderen aus verschiedenen Wollgarnen.

Schneiden Sie aus Pappe zwei Rechtecke aus, eins in der Länge des Körpers und ein kürzeres für die Arme (die Länge von Hand zu Hand). Experimentieren Sie mit verschiedenen Längen.

Das Garn mittig um die lange Seite der Rechtecke wickeln. Je mehr Garn Sie aufwickeln, desto dicker wird der Wichtel. Die Fadenenden verknoten, das aufgewickelte Garn vorsichtig von der Pappe ziehen und oben mit Leinengarn Kopf und Hals abbinden. Die Arme durch den Körper fädeln und direkt unter den Armen die Taille ebenfalls mit Leinengarn abbinden. Für die Beine den unteren Körperteil halbieren und je einen Fuß abbinden. Bei den Wichtelfrauen die Fäden einfach als Rock hängen lassen. Zuletzt an den Armen die Hände abbinden.

MÜTZE: Die Mütze gemäß der Vorlage auf S. 211 aus Leinenstoff anfertigen.

ROCK: Ein viereckiges Stück Stoff mit Heftstichen zu einem Tunnel zusammennähen. Die obere Kante ebenfalls mit Heftstichen versehen, zusammenziehen und den Rock an die Wichtelfrau annähen. Die Rocknaht dabei hinten platzieren.

SCHÜRZE: Eine passend große Schürze ausschneiden, oben ein Bindeband annähen und die Schürze am Bund des Rocks anbringen.

AUFHÄNGUNG: Einen Leinenfaden durch den Wichtelkopf und durch die Mützenspitze fädeln.

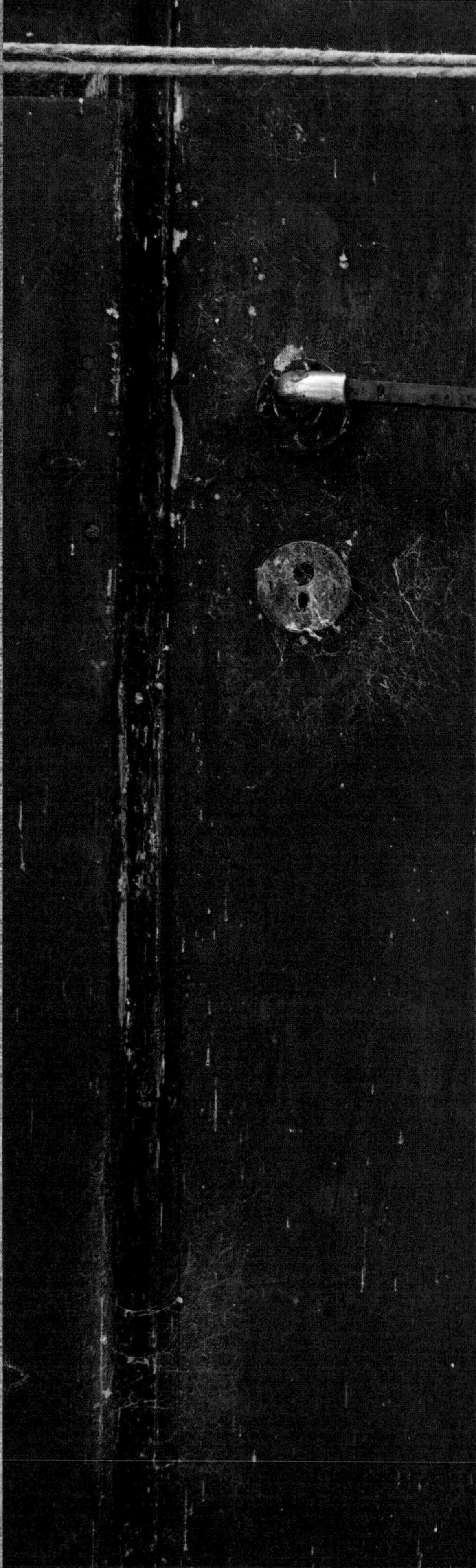

Häkelherzen

Gute, einfache Handarbeitsanleitungen werden gern von Generation zu Generation oder von Freundin zu Freundin weitergegeben. Die Anleitung für diese Häkelherzen hat Heidi einmal in der Grundschule von ihrer Cousine Siv bekommen. Viele Jahre später haben wir sie wieder hervorgekramt und reichen sie nun an Sie weiter. Sind sie nicht wunderschön, die roten Wollherzen und die Leinenherzen? Doch Ihr Geschmack zählt! Häkeln Sie Ihre Lieblingsvariante und hängen Sie sie an einen Zweig oder ins Fenster!

Das Leinenherz mit Nd 1,5 mm und dünnem Leinengarn häkeln. Die roten Herzen aus mitteldickem Wollgarn mit Nd 4,5 mm.

17 Lm anschlagen.

1. R: 1 Stb in die 8. Lm ab der Nd arbeiten, * 2 Lm, 2 Lm überspringen, 1 Stb, ab * 2x wdh (insgesamt 4 Lm-Löcher).
2. R: Wenden mit 5 Lm * 1 Stb, 2 Lm, ab * 2x wdh. Mit 1 Stb in der 3. Lm enden.
3.–4. R: Wie die 2. R häkeln.
5. R: 1 Lm, 3 fM in 2 Lm-Bogen, * 3 fM in nächsten Lm-Bogen, 6 Lm, 3 fM in nächsten Lm-Bogen, 7 Lm in nächsten Lm-Bogen. Ab * 1x wdh, am R-Ende in den letzten Lm-Bogen 3 fM statt 7 fM.
6. R: Wenden mit 1 Lm, * im 6 Lm-Bogen nun 11 Dreifach-Stb mit 1 Lm zwischen jeder M häkeln, danach 1 fM in die mittlere der 7 fM häkeln. Ab * noch 1 R häkeln und mit 1 fM in die letzte fM außen auf der untenliegenden R enden.

KANTE: Entlang des Gittermusters und weiter rund um das Herz auf diese Weise fortsetzen: 1 Lm, * 3 fM im Lm-Bogen, 1 fM in Stb, ab * 2x wdh, 7 fM im Lm-Bogen unten am Herz, 1 fM in 1 Stb, * 3 fM im Lm-Bogen, 1 fM in 1 Stb, ab * 2x wdh. Fortsetzen mit 2 fM in jedem Lm-Bogen zwischen jedem Dreifach-Stb. Im letzten Zwischenraum vor der Mittel-M zwischen den zwei großen Bögen aus Dreifach-Stb nur 1 fM häkeln, danach ca. 35 Lm für die Schlinge häkeln. Die Schlinge mit 1 fM im Zwischenraum hinter der Mittel-M befestigen. Danach wie zuvor mit 2 fM in jedem Lm-Bogen fortsetzen, mit 1 Km in der 1. fM enden.

Das Herz mit einem feuchten Tuch abgedeckt vorsichtig bügeln.

Wer zu Weihnachten gern Plätzchen backt, sollte einmal diese Zimtsterne und Mandelherzen ausprobieren. Bei den Zimtsternen haben wir uns für eine Variante ohne Glasur entschieden und sie stattdessen nur mit Zimt bestäubt. Auch so sehen sie wunderschön aus. Es ist übrigens eine gute Idee, beide Plätzchensorten gleichzeitig zu backen, da man für die Mandelherzen drei Eigelb und für die Zimtsterne drei Eiweiß benötigt.

Mandelherzen und Zimtsterne

Mandelherzen

ca. 30 Herzen

3 Eigelb
120 g Puderzucker
250 g gemahlene Mandeln
½ TL echtes Vanillepulver
2 TL Zitronenabrieb (nach Belieben)
blanchierte Mandeln für die Deko

Die Eigelb und den Puderzucker schaumig schlagen. Die gemahlenen Mandeln, das Vanillepulver und den Zitronenabrieb unterrühren. Den Teig auf einer Backunterlage oder auf Backpapier 0,5 cm dick ausrollen und etwa 5 cm große Herzen ausstechen. Die Plätzchen mit Milch bestreichen und mit zwei Mandelhälften dekorieren. Im vorgeheizten Backofen bei 175 °C 8–10 Minuten backen. Die Herzen mit dem Backpapier auf einem Kuchengitter abkühlen lassen, dann vom Papier lösen und genießen!

Zimtsterne

3 Eiweiß
1 Prise Salz
250 g Puderzucker
300 g gemahlene Mandeln
1 EL Zimt
¼ TL gemahlene Muskatnuss

Die Eiweiß und das Salz steif schlagen. Ein wenig Eischnee zum Bestreichen beiseitestellen. Nach und nach unter Rühren den Puderzucker zum Eischnee geben, bis ein festes Baiser entstanden ist. Die Mandeln, den Zimt und den Muskat hinzugeben und alles zu einem festen Teig verrühren. Alles 1 Stunde im Kühlschrank ruhen lassen, dann den Teig auf einer mit Puderzucker bestäubten Arbeitsfläche etwa 0,5 cm dick ausrollen. Sterne ausstechen, mit etwas Eischnee bestreichen und mit Zimt bestäuben.

Die Sterne im vorgeheizten Backofen bei 160 °C 15–20 Minuten goldbraun backen und anschließend auf einem Kuchengitter abkühlen lassen.

Salzteigsterne

In den 80er-Jahren gab es einen wahren Salzteig-Hype, danach musste das salzige Material viel Hohn und Spott über sich ergehen lassen. Warum eigentlich? Salzteig ist leicht anzurühren, preisgünstig und gut zu verarbeiten. Doch wer heute zugibt, mit Salzteig zu arbeiten, kassiert leicht schräge Blicke. Gerade das hat uns angespornt und wir haben in der Vorweihnachtszeit zu einer Salzteigparty eingeladen! Es macht einfach Spaß, alte Techniken wiederzuentdecken und daraus etwas ganz Neues zu kreieren – zum Beispiel diese Sterne hier.

Sternengirlande

Die Anleitung finden Sie auf der folgenden Seite.

Salzteigsterne

2 gestrichene Tassen Mehl
1 gehäufte Tasse Salz
¾ Tasse lauwarmes Wasser
1 EL Öl

Das Mehl und das Salz in einer Schüssel mischen, Wasser und Öl eingießen und alles gut verrühren. Den Teig auf der Arbeitsfläche gründlich durchkneten, bis er fest und glatt ist. Kneten Sie einfach weiter, falls der Teig sich nicht bindet und geben Sie nicht zu früh mehr Wasser hinzu. Bei einem zu weichen Teig mehr Mehl unterkneten. Ein fester Teig hält beim Gestalten besser die Form. Wenn der Teig auch nach langem Kneten noch zu trocken ist, können Sie 1 TL Öl hinzugeben oder die Hände befeuchten. Den Teig in Frischhaltefolie einwickeln und mindestens 30 Minuten, am besten aber über Nacht, im Kühlschrank ruhen lassen. Lassen Sie den Teig dennoch nicht zu lange liegen, sonst lässt er sich nicht mehr so gut formen.

STERNE
Den Salzteig ganz dünn ausrollen. Dann alte Häkeldeckchen oder Stoff mit Struktur auf den Teig legen und kräftig mit dem Nudelholz darüberrollen. Den Stoff vorsichtig wieder abziehen und Sterne ausstechen. Die Sterne mithilfe eines dünnen Pfannenwenders auf ein mit Backpapier ausgelegtes Backblech legen und für die Aufhängung ein Loch einstechen.

Die Sterne im vorgeheizten Backofen bei 70–85 °C etwa 8 Stunden trocknen lassen und mit dünnem Metalldraht oder einer Schnur aufhängen.

Sternengirlande

Häkeln Sie eine lange Schnur mit Sternen und hängen Sie sie an den Weihnachtsbaum, an die Wand oder an ein Geweih wie auf der vorherigen Seite. Auch als hübsche Halskette macht sie viel her.

Sie benötigen passendes dünnes Leinengarn für die Nd 1,5 mm.

Etwa 31 Lm anschlagen. In die 7. Lm der Nd 1 Km häkeln, um einen Ring zu häkeln; die restlichen Lm als Schnur hängen lassen.

1. Rd: 1 Lm (wird als 1 fM gezählt) häkeln, 11 fM im Ring (= 12 fM).
2. Rd: * 10 Lm, 1 fM überspringen, 1 fM in die folgende fM häkeln. Ab * bis zum Ende der Rd (= 6 Lm-Bögen) wdh. Mit 1 Km in die 1. Lm enden.
3. Rd: * 6 fM häkeln, 3 Lm, 6 fM im Lm-Bogen. Ab * in allen Bögen wdh. Mit 1 Km in die 1. fM enden.

31 Lm häkeln und einen weiteren Stern häkeln. Wie zuvor die Nd in die 7. Lm einstechen und zum Ring schließen. Danach mit der 1. Rd fortsetzen und so eine Sternengirlande in der gewünschten Länge häkeln.

Nach Belieben mit etwa 30 Lm als Schnur enden.

Die Sterne glatt bügeln und eventuell stärken.

Häkelstern am Ring

In den 1970er-Jahren hingen diese Sterne in Rot oder Weiß in Norwegen an vielen Weihnachtsbäumen. Wir haben naturfarbenes Wollgarn verwendet und verschiedene Größen angefertigt.

Sie benötigen einen Ring aus Kunststoff oder Metall (ca. Ø 4 cm oder 20 cm), passende Glöckchen und passendes Garn für die Nd 2,0 mm und 6,0 mm.

1. Rd: Den Ring mit 60 fM umhäkeln.
2. Rd: * 1 fM, 8 Lm, 5 fM überspringen. Ab * 9x wdh, mit 1 Km in die 1. fM enden (= 10 Lm-Bögen).
3. Rd: 5 fM häkeln, 1 Picot (= 3 Lm, 1 fM in die 1. Lm), 5 fM um jeden Lm-Bogen.

SCHNUR: Bis zur gewünschten Länge Lm häkeln und die Schnur mit 1 Km in der 1. Lm befestigen. So entsteht eine Schlinge.

Die Fäden vernähen, eine Glocke annähen und den Stern glatt bügeln.

Man nehme die Anleitung für eine kleine Häkelborte, tausche die winzigen Häkelnadeln und das dünne Baumwollgarn durch handgesponnenes Wollgarn und eine 10 mm-Nadel aus und häkele drauflos. So entsteht schon bald eine hübsche Gardine, welche den Weihnachtsgardinen ähnelt, die unsere Mütter früher ins Fenster hingen.

Weihnachtsgardine

Sie benötigen passendes Wollgarn für die Nd 10,0 mm.

45 Lm anschlagen.
1. R: In die 4. Lm ab der Nd einstechen und in jede M 1 Stb häkeln (= 43 Stb). Nach der Schemazeichnung weiterhäkeln. An der geraden Kante das 1. Stb durch 3 Lm ersetzen, das letzte Stb in die 3. Lm häkeln. Die untere, gezackte Kante folgendermaßen häkeln: Mit 5 Lm wenden. Die letzten 2 Lm bilden das 1. Stb in der nächsten R. Gemäß Schemazeichnung weiterhäkeln. Sie nehmen ab, indem Sie vor dem letzten Musterquadrat wenden.

AUFHÄNGUNG
Die Gardine mit einem Hanfseil an einer Gardinenstange befestigen. Wir haben einen Treibholzstock als Gardinenstange verwendet.

Die Fäden vernähen und die Gardine glatt bügeln.

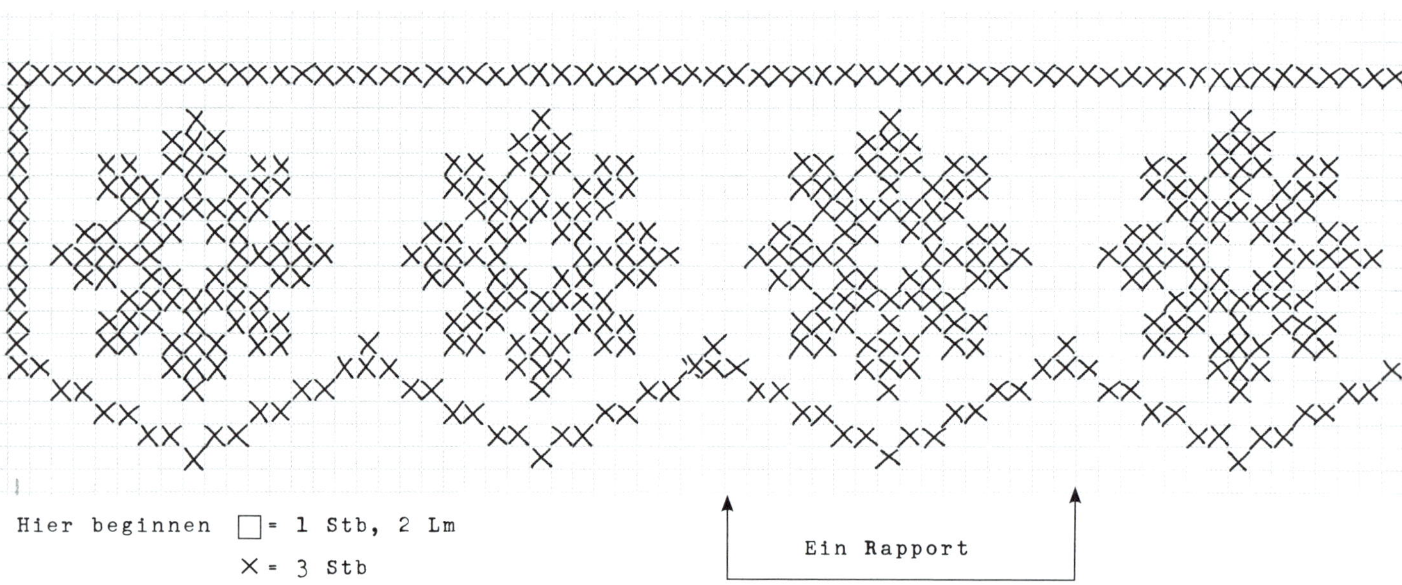

Papierlaternen

Früher zierten in Norwegen häufig selbstgemachte Papierlaternen aus Glanzpapier den Weihnachtsbaum. Heute bastelt man sie wohl eher in gedämpfteren Farben, etwa mit verblichenem Zeichen- und Packpapier. Die Laternen kann man auch mit LED-Teelichtern versehen und den Tisch damit dekorieren.

Unsere Modelle sind 7 cm und 12 cm hoch. Das Packpapier zunächst mit Bienenwachsbalsam behandeln. Es erhält dadurch eine tiefe, goldene Farbe. Den Balsam auftragen, überschüssige Reste abwischen und das Papier vollständig trocknen lassen. Erst dann fortfahren. Das Papier wie auf der Zeichnung auf S. 214 zu sehen mittig falten und am Falz beginnend bis ca. 1 cm vor der oberen Kante dünne Streifen einschneiden. Das Papier aufklappen und die Seiten zusammenkleben. Einen Henkel ankleben und diesen noch mit einem Kreuzstich aus Leinengarn versehen.

Die Christrose

Einst glaubte man, die Christrose habe magische Kräfte und könne Mensch und Tier vor bösen Mächten schützen. Auch als Heilpflanze nutzte man sie. Die gemahlene Wurzel der Christrose verwendete man des Weiteren als Niespulver, da man glaubte, Niesen sei gesund für Körper und Geist. Die Farbe der Blüten kann von Dunkelviolett über Hellrosa bis hin zu Weiß oder Grün ausfallen. In Norwegen ist die weiße Blüte am verbreitetsten. Der Legende nach entstand die Christrose, als die kleine Hirtin Madelon die heiligen drei Könige traf, welche sich gerade auf dem Weg nach Bethlehem befanden. Sie schloss sich ihnen an und sah, dass die Könige für das Jesuskind schöne Geschenke bei sich trugen. Madelon war traurig, denn sie hatte kein Geschenk, nicht einmal eine Blume – es war ja Winter. Ein Engel sah ihre Tränen und fegte mit den Flügeln den Schnee ein wenig beiseite. Dort wuchs eine Christrose, und nun konnte auch Madelon ein Geschenk an die Krippe bringen. Die Christrose gedeiht am besten, wenn es nicht zu warm ist und kann nach dem Frost nach draußen gesetzt werden. Da sie eine Staude ist, kommt sie Jahr für Jahr wieder und blüht – wenn man Glück hat – auch wenn noch Schnee liegt.

„Es ist ein Ros entsprungen“ Glockenzug aus Leinen

Zu Großmutters Zeiten war es üblich, Glockenzüge zu besticken und ins Wohnzimmer zu hängen. Wir haben auf unsere Version den Text eines Weihnachtslieds gestickt, Gedichte oder Sprüche sind ebenfalls schöne Varianten. Den traditionellen Kreuzstich haben wir dabei links liegen lassen und stattdessen freihand gestickt, also einfach mit Nadel und Faden geschrieben. Das kann man sehr gut zusammen mit Kindern machen. Da sie nicht so viel Angst vor Fehlern haben, kommen teilweise ganz tolle Dinge dabei heraus. Sie können den Text zunächst vorschreiben und dann nachsticken. Die Nadel dabei ganz nach Lust und Laune auf und abwandern lassen – mit langen, kurzen, doppelten oder winzigen Stichen. Gerade die kleinen Patzer machen den eigentlichen Charme aus!

Gesamtlänge: ca. 60 cm
Breite: ca. 10 cm

Sie benötigen naturfarbenen Leinenstoff und schwarzes Stickgarn. Zu empfehlen ist ebenfalls ein Stickrahmen.

Links und rechts neben dem Text ausreichend Platz lassen, damit der Stoff beim Sticken an den Kanten später nicht ausfranst. Erst sticken, dann den Glockenzug zuschneiden. Den Text entweder mit Bleistift vorschreiben und dann nachsticken oder – für Mutige – direkt aus freier Hand aufsticken. In beiden Fällen gilt: Sticken Sie so unerschrocken wie ein Kind!

Den Glockenzug mit schwarzem Leinenstoff füttern, wenden und bügeln. Die Öffnung, durch die der Stoff gewendet wurde, von Hand zunähen.

Den Glockenzug mit Leinengarn an einem Stock befestigen. Unser Aufhänger besteht aus einer groben Hanfschnur. Abschließend unten ein Glöckchen annähen.

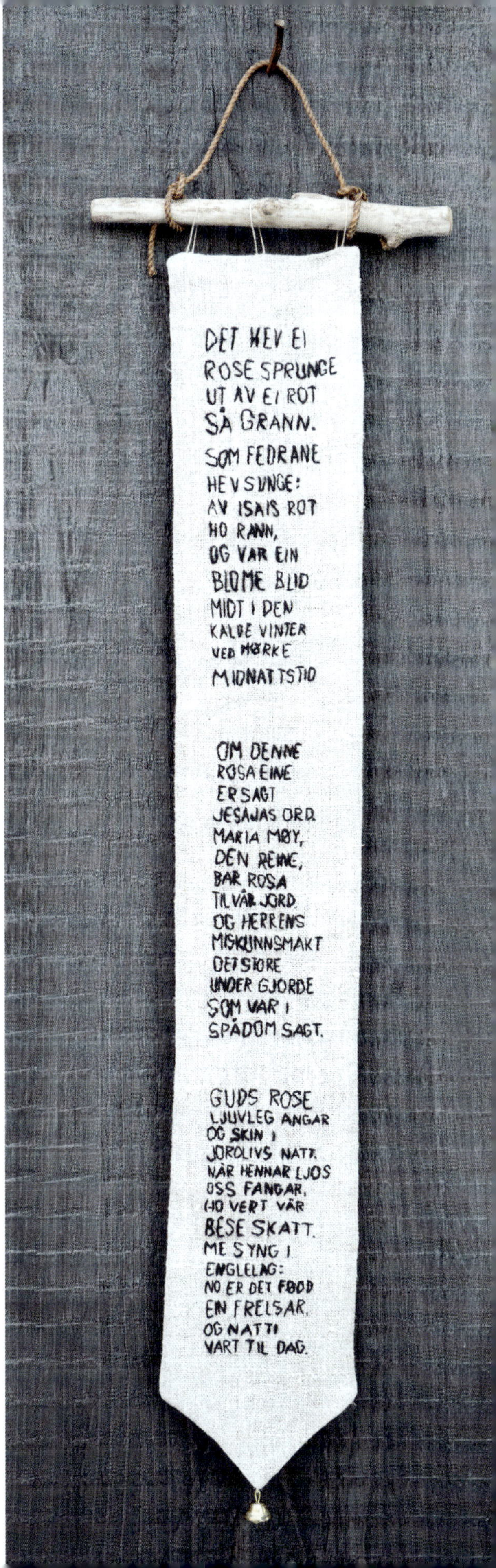

Kranz aus Preiselbeerzweigen

Der fertige Kranz hat einen Durchmesser von ca. 20 cm.

Sie benötigen einen Kranzrohling (ca. Ø 12 cm, Anleitung siehe Seite 71), grünen Blumendraht, Preiselbeerzweige und eine Schere.

Die Preiselbeerzweige als Sträußchen zusammenfügen und mit Blumendraht an den Kranzrohling binden. Nun rundum weiter Schicht um Schicht andrahten, bis das gewünschte Ergebnis erzielt ist.

Lärchenzapfenkranz

Sie benötigen einen Strohkranz als Rohling, den Sie dicht an dicht mit Lärchenzapfen bekleben. Unser Kranz hat einen Durchmesser von 20 cm.

Kränze

Der Kranz ist ein Sinnbild für die Ewigkeit, da er ebenso wie der Kreis keinen Anfang und kein Ende hat. Aus welchen Materialien die Menschen Kränze herstellten, hing stets von ihrer Umgebung ab. Wer Korn anbaute, fertigte Kornkränze an. Auch Dinge aus dem Wald wie Wacholder, Lärchenzapfen oder Tannenzweige wurden verwendet. Gerade in der Adventszeit band man als Symbol für ewiges Leben Kränze aus Tannenzweigen oder anderem Wintergrün.

Einen Kranzrohling herstellen

Sie benötigen Stahldraht in verschiedenen Stärken, Blumendraht, eine Rosenschere oder eine kleine Gartenschere, einen Seitenschneider, Zweige oder anderes Kranzmaterial und Gummihandschuhe, falls Sie Zweige mit Dornen verwenden.

1 Zunächst aus Stahldraht einen Ring formen und diesen durch weitere Runden mit dem Draht verstärken. Die Anzahl der Runden hängt von der gewünschten Dicke des Rings ab. Je größer der Kranz werden soll, desto dicker und fester sollte auch der Rohling sein. Dann den Ring mit Blumendraht umwickeln. Kaufen Sie für große Kränze im Baumarkt kräftigen Stahldraht und wickeln Sie diesen um einen Eimer oder eine Tonne. So wird der Ring schön rund.

2 Für einen dicken Kranz den Rohling erweitern. Hierzu Moosstücke, Zeitungspapier oder dünne Zweig auflegen und mit Blumendraht fixieren.

3 Vor dem Binden des Kranzes zunächst das jeweilige Material in einzelne Sträußchen zusammenbinden und diese Stück für Stück mit Blumendraht am Rohling befestigen.

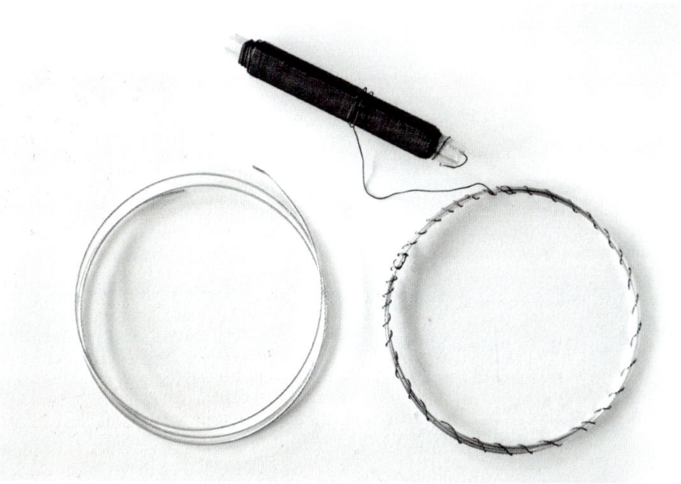

1

2

3

TIPP!
Sie können für einen Kranzrohling auch im Frühjahr Zweige und Triebe von Birken oder Weiden sammeln und sie zu einem Kranz zusammenbinden. Ebenfalls möglich ist es, alte Metallbügel auseinanderzuzwirbeln und zu einem Kranz zu formen. Wer Zugang zu Stroh hat, kann auch dieses für einen Kranzrohling verwenden.

An Herdis' Haustür hing in der Weihnachtszeit jahrelang ein Kranz. Irgendwann konnte man auch im Sommer noch Spuren davon an der Tür erkennen. Sie hat den Kranz entweder aus Wacholderzweigen selbst gebunden oder auf dem Weihnachtsmarkt gekauft.

Wacholderkranz

Der fertige Kranz besitzt einen Durchmesser von 27 cm. Tragen Sie bei der Arbeit Handschuhe – Wacholder sticht!

Sie benötigen einen Kranzrohling aus Metalldraht (siehe S. 71), Blumendraht, Wacholderzweige und eine Gartenschere.

Die Wacholderzweige in kleine Stücke schneiden, eventuell kurze Zweige zu Sträußchen binden und dann mit Blumendraht am Rohling befestigen. Einige Sträußchen sollten Sie dabei nach außen und einige nach innen wenden. Der Rohling muss am Ende komplett bedeckt sein und darf nicht mehr durchschimmern. Befestigen Sie einen Aufhänger aus Stahldraht an der Rückseite des fertigen Kranzes und hängen Sie ihn an eine Tür oder Wand, um zu prüfen, ob er noch weiter bearbeitet werden muss. Stutzen Sie den Kranz hier und da, bis Sie mit dem Resultat zufrieden sind. Wichtig ist, dass das Loch in der Mitte deutlich zu erkennen und rund ist.

Kleiner Kiefernzapfenkranz

Der fertige Kranz hat einen Durchmesser von 12 cm. Einen Zapfen nach dem anderen am Stielansatz mit Blumendraht umwickeln. Dann die Drahtenden der einzelnen Zapfen miteinander verzwirbeln, bis ein Kranz entstanden ist. Zur Aufhängung eine Schnur am Kranz befestigen.

Kastanienkranz

Verwenden Sie ältere, schon getrocknete Kastanien, damit der Kranz stabil wird und die Kastanien nicht mehr schrumpfen. Die Kastanien mit den Fingern gut festhalten und mit einer Bohrmaschine mit dünnem Bohrer quer durchbohren. Falls Sie Angst um Ihre Finger haben, die Kastanien in einen Schraubstock klemmen. Die Kastanien auf eine Schnur fädeln und den Kranz mit einer Hanfschnur aufhängen.

Kränzebinden macht Spaß und ein selbst gemachter Kranz ist ein tolles Geschenk! Auch eine Kranzbindeparty ist eine super Sache. Sammeln Sie ein paar Zweige und bitten Sie die Gäste, eigene Kranzmaterialien mitzubringen. Servieren Sie Kaffee und Kuchen und binden Sie Kränze aus den Materialien, die gesammelt wurden.

Fragen Sie einmal die Nachbarn, ob deren immergrüne Büsche und Hecken nicht ein wenig gestutzt werden müssen.

Manche mögen schlichte Kränze, andere dekorieren sie gern. Schmücken Sie Ihren Kranz ganz nach Lust und Laune mit Baumzapfen, Zimtstangen, Herzen, Sternen oder Gold und Glitter.

Wenn Sie sich im Wald auf die Suche nach Material machen, sollten Sie stets reichlich einpacken. Es ist zu ärgerlich, beim Kranzbinden zu Hause aufgrund von Materialmangel mit einem halbfertigen Kranz dazustehen.

Schwarzerlenkranz

Sie benötigen Schwarzerlenzweige, kräftigen Stahldraht und schwarzen Blumendraht.

Einen Kranzrohling aus dickem Stahldraht (Ø 40–60 cm, Anleitung siehe S. 71) herstellen. Um einen gleichmäßigen Kreis zu erzeugen, wickeln Sie den Draht am besten um einen großen runden Eimer, eine Tonne, einen Reifen oder Ähnliches. Die Zweige um den Kranz legen und mit Blumendraht umwickeln, bis er die gewünschte Dicke erreicht hat.

Betonkerzenständer

Sie benötigen einen sauberen Milchkarton, Beton-Estrich aus dem Baumarkt und Metallkerzenhalter.

Die Betonmasse recht dick anrühren, dann trocknet sie schneller. Die Masse in den Milchkarton gießen und vorsichtig daran rütteln, um die Luftblasen zu entfernen. Vier Metallkerzenhalter in den Beton drücken und gegebenenfalls beschweren, damit sie unten bleiben. Den Ständer 24 Stunden trocknen lassen.

STERNENMUSTER: Aus Milchkarton einen Stern ausschneiden und an die Innenseite des Kartons kleben.

Ein Kerzenständer aus Beton ist stabil und feuerfest. Milchkartons sind ideale Gussformen, da sie sich leicht vom Beton lösen lassen.

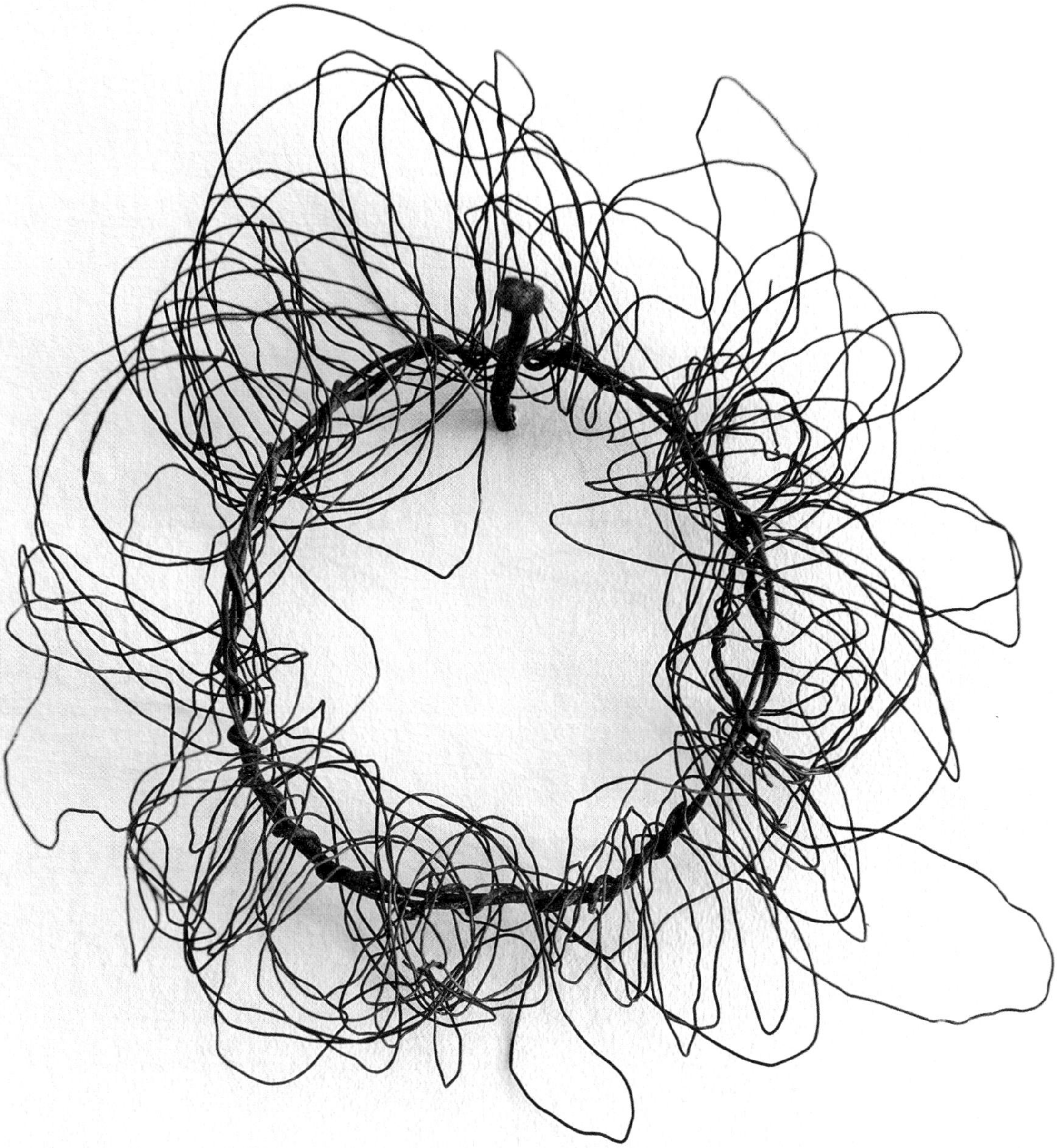

Wenn Ihr Kranz irgendwann verwelkt und ganz trocken ist, können Sie ihn verbrennen und den Kranzrohling samt Blumendraht als hübsche Wanddeko verwenden. Hält garantiert ein Leben lang!

Zweigrosen

Anstelle von klassischen Strohsternen kann man zum Beispiel auch Sterne aus Birkenzweigen basteln.

Sie benötigen feine Birkenzweige. Falls draußen gerade Frost herrscht, lassen Sie die Zweige drinnen einfach kurz auftauen.

Orientieren Sie sich bei der Zweiganordnung an der Zeichnung auf S. 214 und umwickeln Sie die Zweige mit dünnem schwarzem Metalldraht.

Bestickte Streichholzschachtel

Sie benötigen eine große Streichholzschachtel, etwas Sackleinen, Stickgarn und Klebstoff.

Den Stern auf das Sackleinen sticken und erst dann den Stoff passend zuschneiden. Die Vorlage für den Stern finden Sie auf S. 214.

Wollengel

Damit diese Engel hübsch an den Zweigen hin und herschaukeln, braucht es nicht viel Wind. Man kann sie in vielen verschiedenen Varianten herstellen, z. B. kurz und bauschig oder lang und schlank. Wir haben auch eine Version aus Vorgarn, also halb gesponnener Wolle, gebastelt.

Sie benötigen Merinowolle-Tops und nach Belieben Vorgarn aus einer Wollwarenfabrik, Silber-, Gold- oder Leinenschnur und Perlen zur Verzierung.

Zunächst die Wolle in passend lange Stücke reißen (nicht schneiden!), dadurch entstehen für Flügel und Körper schöne feine Spitzen. Für den Körper ein Stück abreißen, das doppelt so lang ist wie die gewünschte Länge des Engels. Für die Flügel benötigen Sie Stücke, die genauso lang sind wie der Engel.

Körper: In das Wollstück, das den Körper bilden soll, mittig einen Knoten machen. Aus diesem Knoten wird der Engelskopf. Das Stück mittig falten, sodass das eine Ende den Bauch und das andere den Rücken formt. Eine ca. 25 cm lange Gold-, Silber- oder Leinenschnur um den Hals des Engels binden und im Nacken so verknoten, dass die Fadenenden gleich lang sind. Nun die Wolle für die Flügel mittig zwischen Brust und Rücken legen, die Fäden von hinten nach vorn führen, vor der Brust kreuzen und hinten am Rücken verknoten. Sie können die Fäden vor dem Verknoten auch noch einmal um den Bauch führen, sozusagen als Gürtel für das Kleid. Jetzt die Flügel in Form bringen.

Als Aufhänger einen passend langen Draht durch den Kopf fädeln. Den Engel dann noch weiter verzieren, z. B. mit einem Stirnband oder einem langen Perlengürtel.

Die Legende von Santa Lucia

Rund um Santa Lucia, die Märtyrerin und Schutzheilige der sizilianischen Stadt Syrakus, ranken sich viele Mythen. Eine Legende besagt, dass Lucia aus einer wohlhabenden Familie stammte und eine gutherzige, schöne christliche Jungfrau war. Sie wurde jedoch mit einem Mann verlobt, der ihren Glauben nicht teilte. Dies nahm er gern in Kauf, denn ihm winkte eine große Mitgift. Als Lucias Mutter todkrank wurde, bat Lucia Gott um ein Wunder. Im Gegenzug versprach sie, ihre gesamte Mitgift den Armen zu schenken. Die Mutter wurde gesund und Lucia tat, was sie gelobt hatte: Sie verschenkte all ihr Geld. Dem Verlobten gefiel dies wenig und er klagte sie in Rom als Christin an. Daraufhin befahl man ihr, den römischen Göttern zu huldigen, Lucia aber weigerte sich. Zur Strafe wollte man sie in ein Bordell bringen, doch auch 1000 römische Soldaten konnten sie nicht fortbewegen. Da wollte man sie verbrennen. Man fesselte sie an Händen und Füßen und entzündete den Scheiterhaufen, doch die Flammen konnten ihr nichts anhaben. Am 13. Dezember 303 wurde sie schließlich mit einem Schwert getötet. Die römischen Christen erklärten sie daraufhin zu ihrer Heiligen.

Das Luciafest in Norwegen

Das ursprünglich schwedische Luciafest wurde bis in die 1950er-Jahre in vielen norwegischen Orten mit großen Umzügen begangen. Fast wie bei einem Schönheitswettbewerb wurde die Lucia alljährlich von einer Jury bestimmt. Sie sammelte Geld für wohltätige Zwecke und war Blickfang bei Umzügen auf den weihnachtlich geschmückten Straßen. Heute feiert man das Luciafest vornehmlich in Schulen und Kindergärten. Eltern werden eingeladen, sich frühmorgens den Lucia-Umzug anzuschauen und *lussekatter* (Safranbrötchen) zu essen.

Der Name Lucia ist abgeleitet vom lateinischen Wort *lux* für Licht.

Mittelalterlich angehauchtes Lucia-Kleid

Falls Sie das Luciafest mit Ihren Kindern feiern möchten, haben wir hier ein paar Anregungen für Sie. Unser Lucia-Kleid ist nach einem einfachen mittelalterlichen Schnitt gefertigt, der wunderbar fällt. Das Material ist weißer Baumwollstoff, zum Beispiel ein Laken, der Halsausschnitt ist mit einer Häkelschnur verziert. Die Mädchen schmücken sich mit einer Häkelkrone oder einem Stirnband, bei den Jungs kann man denselben Schnitt verwenden, sollte ihn aber auf Hemdlänge kürzen und den Gürtel weglassen.

Sie benötigen ein weißes Laken pro Kleid, Wollgarn für die Nd 6,0 mm, dünnen Silberfaden und Perlen zum Verzieren.

Der Schnitt für das Kleid ist auf Größe 134 ausgelegt, kann aber leicht vergrößert werden (siehe Muster S. 212).

Zunächst den Schnitt mit den angegebenen Maßen auf Papier übertragen. Das Schnittmuster so aufs Laken legen, dass die Lakenkanten später den unteren Saum des Kleids bilden. Zuschneiden und die Teile für Vorder- und Rückenteil separat zusammennähen. Vorder- und Rückenteil rechts auf rechts aufeinanderlegen und die Schulternähte absteppen. Die Ärmel einnähen, dann Ärmel- und Seitennähte in einem Bogen in den Achselhöhlen zusammennähen.

Am Ärmelsaum und Halsausschnitt etwa 0,5 cm vom Saum entfernt kleine Geradstiche machen. So entstehen fransige Abschlüsse als hübsches Zusatzdetail.

GÜRTEL: Einen 8 cm breiten und 140 cm langen Streifen zuschneiden. Längs rechts auf rechts falten und zusammennähen, wenden und glatt bügeln.

HÄKELSCHNUR AM HALSAUSSCHNITT:
Mit Wollgarn und einem Silberfaden eine lange Reihe Lm häkeln, die lang genug ist, dass sie um den Hals gelegt werden kann und vorn bis zum Bauch reicht. Auf die Schnurenden Perlen auffädeln und mit dünnem Silberfaden umwickeln. Die Häkelschnur glatt bügeln, dann am Halsausschnitt annähen und die Enden vorn einfach baumeln lassen oder verknoten.

HINWEIS: Kleider mit fransigen Kanten immer in einem Waschbeutel waschen, denn Waschmaschinen mögen keine losen Fäden. Außerdem hält das Kleid so länger.

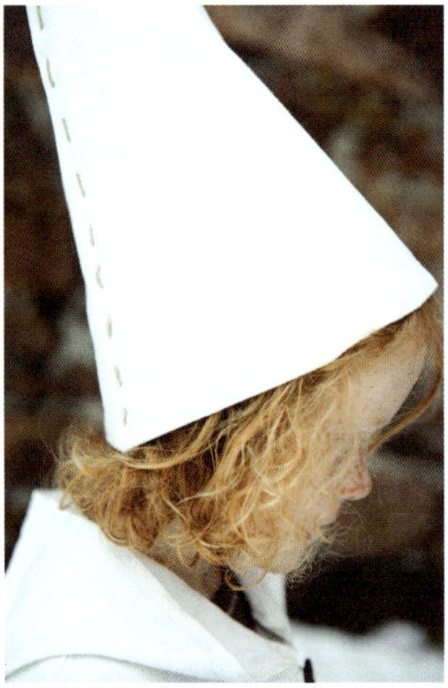

Sternenknabenhut

Sie benötigen weißen Leinenstoff (ca. 60 cm x 60 cm), naturfarbenen Leinenstoff für das Futter (ca. 60 cm x 60 cm) und grobes Leinen- oder Hanfgarn.

Das Schnittmuster zunächst auf Papier oder direkt auf den Stoff mit den angegebenen Maßen aufzeichnen (siehe S. 212).

Den weißen und naturfarbenen Stoff rechts auf rechts aufeinanderlegen und rundum bis auf eine kleine Öffnung zusammennähen. Den Stoff wenden und die Nähte glatt bügeln (evtl. zuvor mit Stecknadeln feststecken). Für die hintere Naht die linke auf die rechte Seite legen und mit Leinen- oder Hanfgarn grob zusammenheften. Fertig!

TIPP!
Für eine simplere Hutvariante das Futter weglassen und stattdessen Vlieseline auf die linke Seite bügeln. Die Kanten nicht versäubern, denn so entsteht eine hübsche Fransenkante. Eventuell 0,5 cm von der Kante entfernt mit engem Geradstich absteppen. So franst der Stoff nicht zu sehr aus und der Hut ist langlebiger.

Noch einfacher ist es, den Hut mit Heißkleber zusammenzukleben.

Sternenstab aus Holz

Sie benötigen sechs kurze Holzstöcke (ca. 14 cm lang), einen langen Stock (ca. 50 cm lang), Metalldraht, ein Schnitzmesser, Schleifpapier und eine kleine Säge.

Die Stöcke entrinden und leicht mit dem Schleifpapier abschmirgeln. Die Enden der kurzen Stücke durchbohren und mithilfe von Metalldraht, der durch die Löcher gefädelt wird, zu je zwei Dreiecken verbinden. Die beiden Dreiecke so aufeinanderlegen, dass eine Sternform entsteht. Die Stellen, an denen sich die Dreiecke kreuzen, ebenfalls durchbohren und mit Draht zusammenbinden.

Den Stern auf die gleiche Weise am langen Stock befestigen: Bohren Sie ein Loch, fädeln Sie den Metalldraht hindurch und zurren Sie alles gut fest!

Für einen noch stabileren Halt zusätzlich eine gebogene Kerbe oben in den langen Stock schnitzen. Ein wenig Holzleim in die Kerbe geben, den Stern dort festkleben und ihn mit Draht umwickeln.

Sternenknaben gibt es bei uns in Norwegen schon seit dem Mittelalter. Damals gab es für die Sternenknaben in der Weihnachtszeit eigene kleine Umzüge. Sie gingen von Haus zu Haus und sangen und spielten Weihnachtsspiele mit den Leuten in der Stube. Sie trugen dabei weiße Gewänder und einen Spitzhut, hatten bemalte Gesichter und hielten Sterne mit einer Kerze darin. Als Dank erhielten sie Geld oder Essen. Da einige Leute dies irgendwann als eine Form des Bettelns betrachteten, wurden Sternenknaben mancherorts verboten. Seit das Luciafest zu einem Kindergartenfest geworden ist, bilden die Sternenknaben beim Lucia-Umzug stets die Nachhut.

Sternenschmuck

Sie benötigen Leinengarn für die Nd 2,0 mm und dünnen Silber- oder Goldfaden. Das Leinengarn und den Silberfaden gleichzeitig verhäkeln und der Anleitung für den Häkelstern auf S. 129 folgen.

Den Stern an einer langen Schnur aus Hanf oder Leinen aufhängen, sodass der Stern ungefähr auf Bauchhöhe hängt. Wir haben den Stern mit Zucker gestärkt (siehe S. 150).

Gehäkelte Luciakrone

Diese Häkelkrone aus Wollgarn mit eingehäkeltem Silberfaden glitzert schön am Luciatag. Die Größe lässt sich leicht an den Kopf jeder Lucia anpassen, man kann die Krone jedoch auch als Prinzessinnenkrone verwenden. Jedem, der über grundlegende Häkelkenntnisse verfügt, wird die Krone leicht von der Hand gehen.

Sie benötigen naturfarbenes Wollgarn für die Nd 6,0 mm, dünnen Silberfaden und dünnen silberfarbenen Metalldraht.

Der Anleitung für die weiße Tiara auf S. 151 folgen und das Wollgarn und den Silberfaden gleichzeitig verhäkeln. Zunächst eine R in der gewünschten Länge häkeln und an den Kopf des Mädchens anpassen. Eine R Stb häkeln. Die Kronenspitzen werden, anders als bei der Tiara, rundum an den Streifen angehäkelt. Keine Sorge, falls das Muster nicht aufgeht: Nähen Sie die Krone einfach leicht überlappend zusammen, damit es wieder passt. Dann glatt bügeln.

Die Krone stärken

- Am einfachsten lässt sich die Krone mit hochkonzentrierter Zuckerlösung stärken (siehe S. 140).
- Alternativ einen dünnen, silberfarbenen Metalldraht in die Krone einnähen. Zunächst entlang der unteren Kante zwei R einnähen, dann entlang der Kronenzacken und schließlich überall dort, wo es nötig ist. An manchen Stellen schimmert der Metalldraht hindurch und erzielt einen hübschen Glitzereffekt.

Lucia-Stirnband

Hier ein einfacher, aber süßer Haarschmuck aus Luftmaschen und Stäbchen für das Luciafest.

Für das Stirnband werden das Wollgarn und ein dünner Silberfaden gleichzeitig verhäkelt. Wählen Sie Wollgarn für die Nd 6,0 mm. Eine ca. 100 cm lange R Lm anschl, dann eine R Stb in die Lm häkeln. Mit dem Bügeleisen leicht glätten und vorn mittig fünf Glasperlen annähen.

Wintersonnenwende

Lange bevor in Skandinavien das Luciafest gefeiert wurde, war der 13. Dezember für die Menschen der Tag der Wintersonnenwende mit der längsten, dunkelsten und auch unheimlichsten Nacht des Jahres. Um sich vor den bösen Mächten und Trollen zu schützen, gab man den Tieren im Stall an diesem Tag oft einen besonderen Leckerbissen, den *lussebit*. Die Menschen gönnten sich am nächsten Morgen ein gutes Frühstück.
Nachts blieb man möglichst im Haus, um nicht der, wie man damals glaubte, gefährlichen Hexe Lucia und ihrem geisterhaften Gefolge zu begegnen. War ein Kind nicht brav, kam Lucia durch den Kamin und holte es. Sie prüfte auch genau, ob alle vorweihnachtlichen Arbeiten abgeschlossen waren, denn damals begann an diesem Tag die Vorweihnachtszeit. So schaute sie zum Beispiel nach, ob das Weihnachtsbier fertig gebraut und alle Lefse-Brote gebacken waren. War sie nicht zufrieden, brach sie ganze Schornsteine ab. Wie sich die Hexe Lucia später in die engelsgleiche Blondine in weißem Gewand verwandelte, ist nicht bekannt.

Die am Luciamorgen üblichen, *lussekatter* genannten Safranbrötchen sind eigentlich eine schwedische Tradition, die wir Norweger übernommen haben. Die gelben Teilchen können zu unterschiedlichen Figuren geformt werden, die alle eigene Namen haben. In Schweden gibt es z.B. die sogenannten *Teufelskatzen*. Hintergrund war der Glaube, dass der Teufel gern in Gestalt einer Katze auf die Erde kam, um bösen Kindern eine Abreibung zu verpassen. Jesus verteilte daraufhin in Gestalt eines Kindes sonnengelb eingefärbte Brötchen an die Kinder, da der Teufel bekanntlich das Licht scheut.
Das folgende Rezept hat uns die Schwedin Suzanna zur Verfügung gestellt. Wir wissen nicht, ob sie wegen des Naturjoghurts so köstlich schmecken, aber wir können Suzanna nur zustimmen, wenn sie schreibt: „Diese Brötchen sind der HAMMER!“

Suzannas Lussekatter

150 g Butter
500 ml Milch
50 g frische Hefe
250 g Naturjoghurt
1 g Safran
120 g Zucker
1 TL gemahlener Kardamom
½ TL Salz
1 TL Backpulver
ca. 1 kg Mehl

100 g Rosinen zum Verzieren
verquirltes Ei zum Bestreichen

Dieses Rezept ergibt 30 große oder 40 kleine Lussekatter.

Die Butter in einem Topf schmelzen, die Milch eingießen und die Mischung auf 37 °C abkühlen lassen. Die Hefe in der Mischung auflösen (Trockenhefe unter das Mehl mengen). Joghurt, Safran, Zucker, Kardamom, Salz, Backpulver und Mehl hinzufügen. Alles zu einem glatten Teig verarbeiten. Der Teig sollte nicht zu fest und kann ruhig ein wenig klebrig sein. An einem warmen Ort abgedeckt 40 Minuten gehen lassen.

Den Teig in Stücke teilen, zu Schlangen rollen und zu hübschen Brötchen formen. Mehrere Varianten finden Sie in der rechten Spalte. Die Teilchen mit Rosinen dekorieren und weitere 40 Minuten gehen lassen.

Das Gebäck mit dem verquirlten Ei bestreichen, im vorgeheizten Backofen bei 225 °C etwa 5–10 Minuten goldgelb backen und dann auf einem Kuchengitter abkühlen lassen.

Frühmorgens bei Kerzenschein genießen und – wenn möglich – ausreichend Lussekatter für Familie und Freunde zum Kaffee am Nachmittag übrig lassen.

Lussekatterformen

Luciakreuz/Weihnachtswagen

Priesterhaar

Bischofshaar

Lussekatt/Weihnachtsschwein

Lussekatt/doppelte Katze

Luciakringel

Lilie

Luciakrone

Luciasonne

Weihnachtskarten

Die erste Weihnachtskarte der Welt wurde vom englischen Staatsbeamten Henry Cole verschickt. Er war ein vielbeschäftigter Mann und hatte im Winter 1843 einfach nicht die Zeit gefunden, lange Weihnachtsbriefe an Freunde und Verwandte zu schreiben. Daher ließ er kurzerhand eine weihnachtlich illustrierte Karte mit einem Weihnachtsgruß drucken. Die Auflage überschritt dabei seinen Bedarf bei Weitem, weshalb er die anderen verkaufte. Das Kartenmotiv weckte allerdings nicht nur positive Aufmerksamkeit. Zwar war zu sehen, wie jemand arme Menschen mit Essen und Kleidung beschenkte, doch ebenso war eine Frau abgebildet, die ein Kind einen Schluck aus ihrem Weinglas kosten ließ. Das erhitzte die Gemüter! So entstand also aufgrund von Zeitnot, die man offenbar schon im 19. Jahrhundert kannte, und heftigen Diskussionen über das Thema Kinder und Alkohol die Tradition, Weihnachtskarten zu verschicken.

In Deutschland schrieb man bis zum Ersten Weltkrieg noch keine Weihnachtskarten, in Norwegen wurde dagegen 1870 in Bergen die erste Weihnachtskarte gedruckt. Sie zeigt ein Bild des Malers Adolph Tidemand, auf dem der norwegische Brauch, zu Weihnachten ein Kornbündel für die Vögel an eine Stange zu hängen, dargestellt ist. Unter der deutschen Besatzung während des Zweiten Weltkriegs trugen manche Norweger als Zeichen des Widerstands rote Wichtelmützen, was dazu führte, dass die Nazis 1942 rote Mützen und Karten mit roten Zipfelmützen verboten.

„Lasset den Brief geprägt sein von der natürlichen Schlichtheit des Herzens, eine freundliche und frohe Botschaft von einem Menschen an den anderen. Früher wie auch heute werden Briefe dieser Art kleine und große Wunder bewirken, denn wenn wir erdrückt von schweren Stunden zwischen Hoffnung und Hoffnungslosigkeit schwanken, kann ein einziges gutes Wort unser Schicksal verändern."

Johan Falkberget

Haben Sie vielleicht auch so wie wir in der Schule mit Linolschnitt gearbeitet? Wir erinnern uns immer gerne daran zurück und haben daher Weihnachtskarten und Anhänger mit dieser Technik bedruckt. Zwar sind dafür diverse Gerätschaften nötig, doch die Investition lohnt sich auf jeden Fall! Um dekorativ zu wirken, müssen die Drucke auch gar nicht perfekt sein. Kleine Mängel wirken immer sehr charmant und es ist eine tolle Beschäftigung für Groß und Klein!

Linolschnitt

Sie benötigen ein Werkzeugset für Linolschnitt, zwei Rollen (eine für die Druckfarbe und eine für den Druck auf Papier), schwarze Linoldruckfarbe, eine Glasplatte, z. B. von einem alten Wechselrahmen, Linolplatten (Stücke aus alten Linoleumböden sind auch geeignet), eine Holzplatte (ca. 20 cm x 30 cm) mit zwei montierten Leisten (eine Leiste oben als Stütze für die Linolplatte und eine Leiste unten an der Rückseite, damit die Holzplatte beim Bearbeiten nicht wegrutscht).

EIN MUSTER AUF LINOL ÜBERTRAGEN:
Eine Kinderzeichnung mit der Rückseite nach vorn vor ein Fenster halten, sodass die Zeichnung gut zu sehen ist. Das Bild mit dicken Bleistiftstrichen nachzeichnen. Dann das Papier wieder wenden, auf die Linolplatte legen und die Zeichnung nochmals nachfahren. Dabei wird die Schwärze des Bleistifts auf die Platte übertragen. Um das hübsche Kinderbild nicht zu zerstören, machen Sie davon zuvor am besten eine Kopie.

Das Muster mit dem Spezialwerkzeug ins Linol einritzen. Wir haben hier das schmalste Schneidewerkzeug verwendet.

Die Druckfarbe mithilfe der Rolle auf der Glasplatte sorgfältig in einer dünnen Schicht auftragen und danach mit der nun gleichmäßig eingefärbten Rolle auch das Linol einfärben.

Ein Stück Papier auf die Linolplatte legen und mit der sauberen Rolle kräftig über das Papier fahren, um das Muster zu übertragen. Das Papier abziehen und auf einer Zeitung gut trocknen lassen. Das dauert eine Weile.

Das Ergebnis ist ein kleines Kunstwerk, das man signieren und einrahmen oder für Weihnachtskarten oder Geschenkanhänger verwenden kann (siehe S. 95).

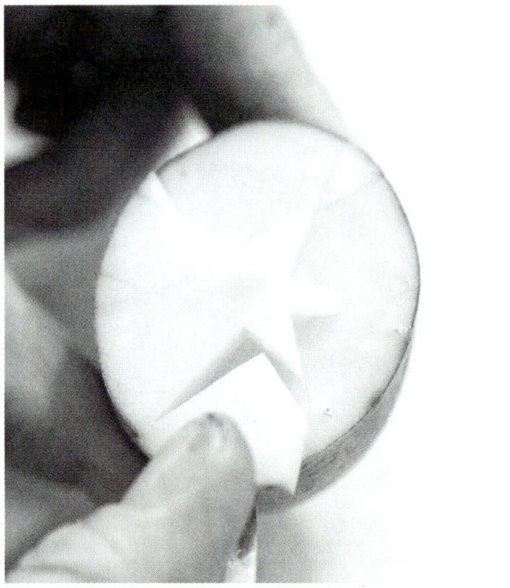

Kartoffeldruck

1 Eine Kartoffel halbieren und die Schnittfläche gut mit Küchenpapier abtrocknen. Dann einen ausgeschnittenen Stern oder ein anderes Motiv auflegen.

2 Das Motiv mit einem scharfen spitzen Messer ausschneiden.

3 Mit einem Pinsel oder einem Schwamm eine dünne Schicht Acrylfarbe (oder Wasserfarbe) auftragen und losdrucken!

God jul!

Geschenkverpackungen

Wir verpacken unsere Geschenke gern in Butterbrotpapier, Zeichenpapier, Zeitungspapier, Küchenpapier oder Packpapier oder wir nähen zwei viereckige Papierstücke zu einem hübschen Geschenkbeutel zusammen. Das ist sehr dekorativ und zudem viel umweltfreundlicher als bunt bedrucktes Hochglanzgeschenkpapier, welches viel giftige Druckfarbe enthält! So macht das Verpacken noch einmal richtig Spaß!

KLEINE DETAILS

Wir haben die Geschenke mit kleinen „persönlichen" Dingen versehen, die wir mit der beschenkten Person verbinden, z. B. einem kleinen Stein, einer Bucheckernhülse, einem Gummiherz aus einem Fahrradschlauch oder einer kleinen Stickerei auf einem Stück Pappe. Andere Geschenke haben wir mit Kleinigkeiten aus dem Garten geschmückt, wie einem Lebensbaumzweig (manche lieben ihn, andere hassen ihn) oder Zweigen von Johannisbeer- oder Schwarzjohannisbeersträuchern.

Anstelle von Geschenkpapier können Sie auch selbstgebastelte Geschenktüten verwenden, die Anleitung finden Sie auf S. 105/106.

SUNNIVA!

Geschenkanhänger

Aus Zeitungspapier oder Zeitschriften kleine Motive ausschneiden und diese entweder mit einem Klebestift auf einen Anhänger kleben oder mit der Nähmaschine aufnähen. Die Fäden einfach lang hängen lassen.

Kleine Dreiecke ausschneiden, als Weihnachtsbaum aufkleben und mit der Nähmaschine einen Stamm aufnähen.

Nähen Sie mit der Nähmaschine Kinderzeichnungen auf Papierstücke. Papier mit der Nähmaschine zu bearbeiten ist zwar ungewohnt, macht aber Spaß!

Geschenktüten

Weltweit ist es vielerorts üblich, aus Zeitungspapier Tüten zu falten und sie mit selbstgemachtem Kleber zusammenzukleben. Das wollten wir auch mal ausprobieren und haben eine Tüte aus Packpapier und eine aus hellblauem A4-Papier gefaltet.

Sie benötigen Papier nach Wunsch, einen Cutter, Klebstoff und evtl. ein Metalllineal zum Falten des Papiers.

Die Packpapiertüte ist aus einem 15 cm x 19 cm, die blaue Tüte aus einem 42 cm x 30 cm großen Stück Papier gefaltet.

Die blaue Tüte ist am Ende etwa 10 cm x 16 cm groß. Hinweis: Die obere Kante wurde hier nur einmal 3 cm umgeschlagen, die Seiten 2 cm und der Boden 3,5 cm.

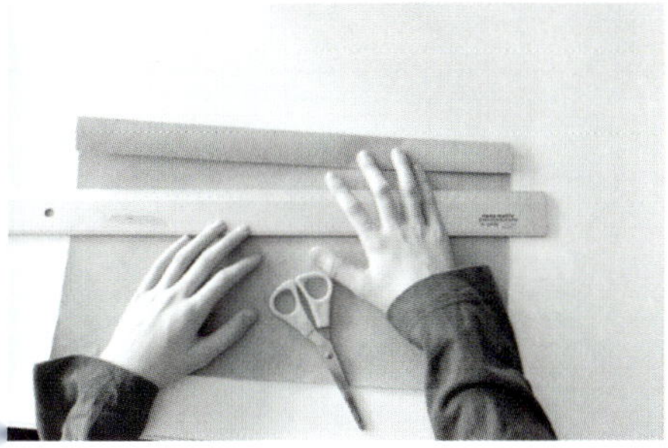

1 Eine Längsseite des Papiers zweimal 3 cm umschlagen und wieder auffalten. Daraus wird die obere Kante der Tüte. Es empfiehlt sich, den Falz mit einer Schere oder einem Falzbein zu vertiefen.

2 Eine Querseite 2 cm umschlagen, den Umschlag mit Klebstoff bestreichen, das Blatt zur Kante der anderen Querseite falten und ankleben. Den oberen Falz der Tüte nach innen falten.

3 Die Tüte an beiden Seiten 3 cm nach innen knicken und wieder auffalten. Das Ganze umdrehen und dasselbe auf der anderen Seite wiederholen. Daraus entstehen später die Knicke an der Tütenseite.

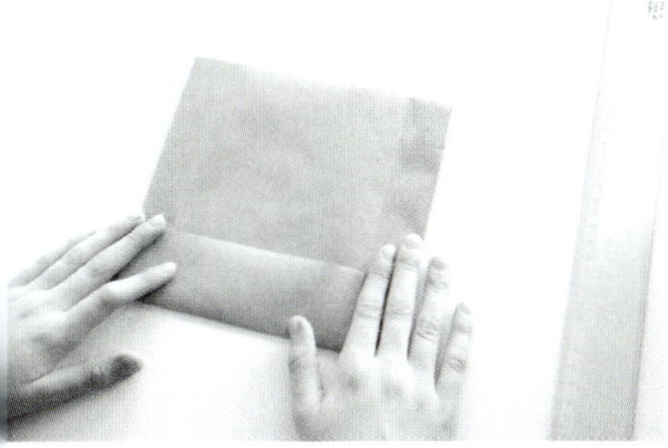

4 Den Tütenboden 5 cm nach oben knicken und wieder auffalten. Dasselbe auf der anderen Seite wiederholen.

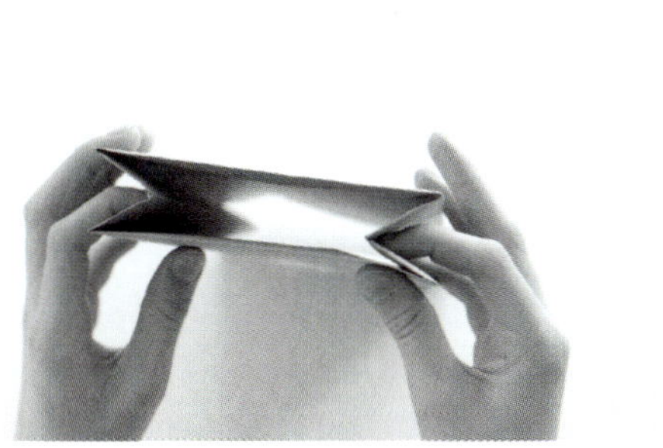

5 Die seitlichen Knicke falten.

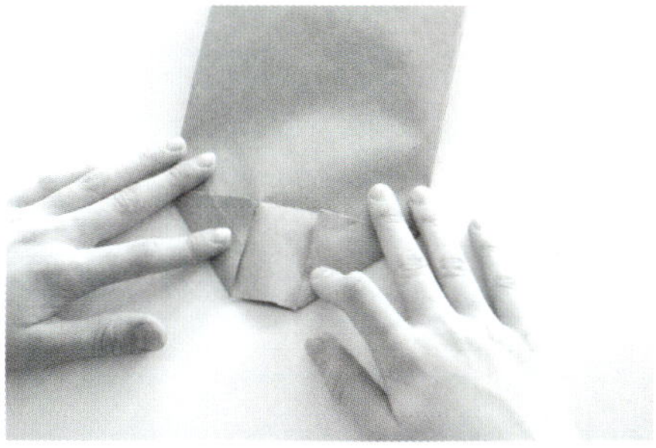

6 Die Ecken der Tüte wie auf dem Bild einknicken.

7 Die Falze wieder öffnen und den Boden wie auf dem Bild schließen.

8 Den Boden zukleben.

Oben in die Tüte zwei Löcher stanzen, eine Schnur hindurchfädeln und zusammenknoten. Alternativ können Sie auch einen Henkel aus Papier ankleben. Zuletzt die Tüte nach Lust und Laune dekorieren.

Papierschachtel

Diese Schachteln aus Karton sind tolle Verpackungen für kleine Weihnachtsgeschenke. Den Rest des Jahres dienen sie zur Aufbewahrung.

Sie benötigen ein quadratisches Stück Papier und eine Schere oder einen Cutter. Für eine Schachtel mit 11 cm x 11 cm Seitenlänge benötigen Sie ein 32 cm x 32 cm großes Papierstück. Je größer die Schachtel werden soll, desto stärkeres Papier benötigen Sie.

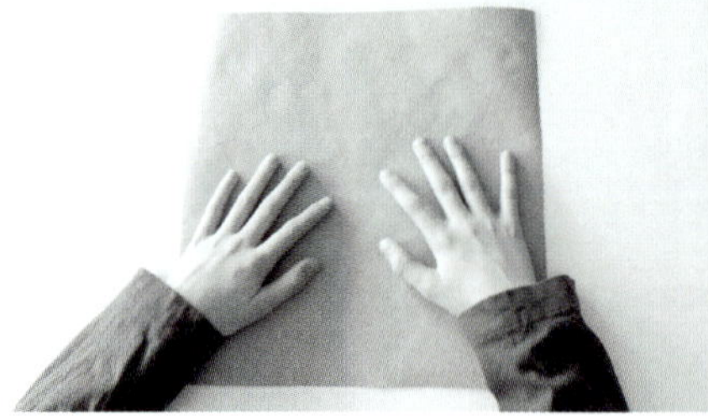

1 Das Papier quadratisch zuschneiden, dabei auf die rechten Winkel achten!

2 Die Mitte des Quadrats mit einem Bleistift markieren. Die Ecken in die Mitte falten und alle Falze mit einer Schere oder einem Falzbein verstärken.

3 Nun zwei Seiten zur Mitte und wieder auffalten.

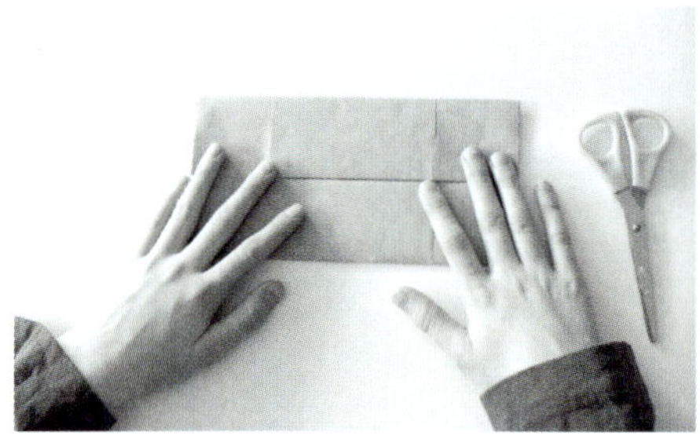

4 Wiederholen Sie Schritt 3 mit den anderen beiden Seiten.

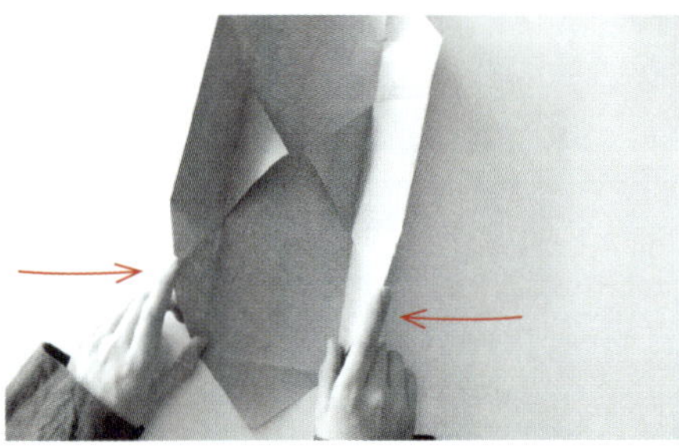

5 Zwei Seiten wie auf dem Bild aufstellen. Achten Sie darauf, wohin die Zeigefinger deuten!

6 Die Ecken mit den Zeigefingern wie auf dem Bild in die Mitte falten.

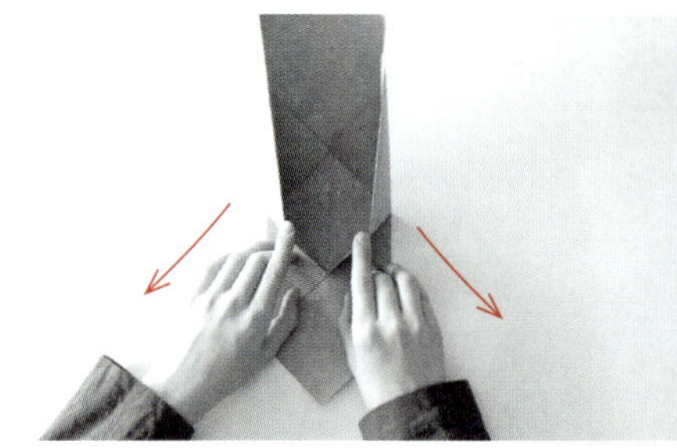

7 Die Finger wie hier gezeigt positionieren und die Ecken gemäß Bild 8 falten.

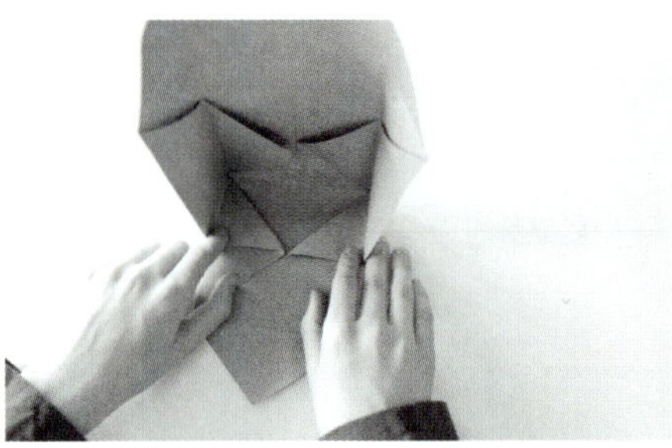

8

9 Die andere Seite der Schachtel auf die gleiche Weise falten.

10 Fertig ist die Schachtel!
Der Deckel wird genauso gefaltet, hier allerdings die Seiten nicht ganz bis zur Mitte falten (siehe Bilder 3 und 4), sondern 0,5 cm Spielraum lassen, sodass der Deckel ein wenig größer als die Schachtel wird.

Kolakaker
200 g smør
200 g brunt sukker
300 g hvetemel
1 ss mørk sirup
2 ts natron

Kola ist das schwedische Wort für Karamell. Bei den Köstlichkeiten auf dem Bild links handelt es sich um schwedische Karamellkekse und sie halten wirklich, was sie versprechen: Sie sind herrlich karamellig und wunderbar zäh. In Schweden und Norwegen sind sie sehr beliebt, besonders bei Kindern. Dieses köstliche, altbewährte Rezept wurde schon von so mancher Großmutter an die nächste Generation weitervererbt und ist zudem sehr leicht nachzubacken. Das macht die Kekse in der geschäftigen Weihnachtszeit zu einem echten Knüller. Wir stellen drei verschiedene Varianten zur Auswahl, aus denen Sie sich Ihren Favoriten aussuchen können. Probieren Sie es aus, es lohnt sich!

Kolakekse

200 g Butter
200 g Zucker
1 EL Zuckerrübensirup
300 g Mehl
1 TL Natron oder Backpulver

Die Butter und den Zucker cremig rühren. Den Sirup, das Mehl und das Natron hinzufügen und alles zu einem glatten Teig verarbeiten. Die Teigmasse anschließend eine Weile im Kühlschrank ruhen lassen, dann lässt sie sich leichter verarbeiten. Den Teig sechsteln und jedes Stück zu einer etwa 30 cm langen Stange rollen. Diese mit etwas Abstand zueinander auf ein mit Backpapier ausgelegtes Backblech legen und mit den Händen leicht flach drücken.

Die Stangen im vorgeheizten Backofen bei 175 °C 12–15 Minuten backen. Die noch heißen Keksstangen schräg in Stücke schneiden, leicht abkühlen und dann auf einem Kuchengitter völlig auskühlen lassen.

VARIANTEN:

1. Nuss: Die Stangen vor dem Backen mit einem verquirlten Ei bestreichen und mit gehackten Nüssen oder Mandeln und Hagelzucker bestreuen.
2. Schokolade: Rühren Sie zusätzlich 2 EL Kakaopulver unter den Teig.
3. Vanille: Geben Sie in den Teig noch 1 TL Vanillezucker und 2 TL Zimt. Das duftet beim Backen ganz wundervoll.
4. Die Varianten oben miteinander kombinieren.

Weihnachtsknäckebrot

Wer schon einmal Knäckebrot selbst gemacht hat, weiß, wie einfach das ist. Alles wird nur vermengt und auf einem Backblech verstrichen. Dieses Knäckerezept schmeckt mit den vielen Gewürzen herrlich süß-weihnachtlich und mit Butter bestrichen ganz köstlich zu einer Tasse Tee.

700 ml Wasser
2 EL Melasse oder Zuckerrübensirup
120 g feine Haferflocken
100 g Vollkornroggenmehl
100 g gemahlene Mandeln
140 g Sonnenblumenkerne
70 g gemahlene Leinsamen
70 g Sesamsaat
2 TL Zimt
1 TL gemahlener Anis
1 TL gemahlener Kardamom
1 TL Ingwerpulver
1/2 TL Salz

200 ml Wasser aufkochen und die Melasse oder den Sirup unterrühren. Das Gemisch zum restlichen Wasser zugeben und in einer Rührschüssel mit den restlichen Zutaten vermengen. Alles etwa 15 Minuten quellen lassen, dann den Teig mit einem Teigspatel auf zwei mit Backpapier ausgelegten Backblechen verstreichen. Im vorgeheizten Backofen bei 175 °C (Heißluft) 15 Minuten backen. Die Fladen aus dem Ofen nehmen und mit einem Pizzarad in kleine Stücke schneiden. Das Knäckebrot danach weitere 50 Minuten backen. Das Knäcke sollte ganz trocken sein, machen Sie daher eine Probe! Ist es noch nicht trocken genug, die Temperatur auf 100 °C senken und das Knäcke bei leicht geöffneter Ofentür ganz durchtrocknen lassen. Das Brot in einem luftdichten Behälter aufbewahren.

TIPP!
Experimentieren Sie auch mal mit jeglichen Arten von Nüssen, Kernen oder Gewürzen.

Mikkel's Weihnachtstee

Eine weihnachtlich gewürzte Teemischung kann man sich ganz einfach selbst zusammenstellen. So ein Tee schmeckt wunderbar zu einem Früchtekuchen oder zu Lebkuchen. Außerdem ist er ein tolles Mitbringsel für liebe Menschen.

Zwei Kilo Äpfel samt Kerngehäuse fein hacken und auf einem mit Backpapier ausgelegten Backblech verteilen. Die Äpfel mit Zimt bestäuben und im vorgeheizten Backofen bei 80 °C etwa 4 Stunden trocknen. Zwischendurch wenden und kosten, ob sie schon getrocknet sind.

WEITERE MÖGLICHE ZUTATEN:

- 1 großer Beutel Rooibos- oder Schwarztee
- fein gehackte Vanillestangen, die schon für ein anderes Rezept ausgekratzt wurden
- klein gehackte Zimtstangen, ganze Kardamomkapseln, schwarze Pfefferkörner, getrocknete Ringelblumen usw. Mischen Sie einfach nach Herzenslust und füllen Sie die Kreation in ein Schraubglas oder einen Beutel ab.

Den Tee wie gewohnt ziehen lassen.

Gesägte Herzen aus wettergegerbtem Treibholz vom Strand könnten sicher viele schöne Geschichten erzählen. Mit einer Säge und etwas handwerklichem Geschick sind sie leicht herzustellen. Wenn sie nicht so perfekt werden, macht das gar nichts. Wir nennen das Charme und Persönlichkeit.

Treibholzherzen

Wir haben ein schmales, etwa 8 cm breites und 1,5 cm dickes Treibholzbrett verwendet.

Das Herz auf dem Holz vorzeichnen, dabei die gesamte Breite des Bretts ausnutzen (siehe Vorlage auf S. 210). Passen Sie die Größe gegebenenfalls an Ihre Brettmaße an.

Das Brett mit Schraubzwingen oder Klemmen an einem Arbeitstisch befestigen und das Herz mit einer Hand- oder einer Stichsäge aussägen. Die Kanten mit Schleifpapier glatt schmirgeln. Ein Loch hineinbohren und zur Aufhängung eine grobe Schnur hindurchfädeln.

Falls Sie kein Treibholz zur Hand haben, können Sie auch neues Holz verwenden und dieses einölen, beizen oder bemalen. Alternativ können Sie das Holz draußen überwintern und Wind und Wetter die Arbeit für Sie tun lassen.

Ruhige, bescheidene Weihnachtsmaus sucht Freunde

Hallo! Ich heiße Blygesen und bin eine norwegische Weihnachtsmaus. Normalerweise ist Weihnachten für mich die schönste Zeit im Jahr, doch dieses Mal ist alles anders. Ich habe nämlich nicht wie andere Mäuse eine tolle, große Familie! Ich bin das einzige Kind einer alleinerziehenden Mäusemutter, die leider einer Mausefalle zum Opfer fiel. Deshalb bin ich bei meiner Großmutter väterlicherseits aufgewachsen. Für mich bestand die Welt immer nur aus meiner Oma und mir. Doch plötzlich ist sie der Meinung, dass ich mein Leben jetzt selbst in die Hand nehmen muss. Dass ich doch fast erwachsen bin und so. Das finde ich aber nicht! Mäuseomas sind wirklich nicht mehr das, was sie mal waren! Sie sitzen jetzt nicht mehr schaukelnderweise auf einer Kartoffel und empfinden das als Erfüllung. Heutzutage fahren sie zu Käsefestivals nach Frankreich und besegeln danach die sieben Weltmeere. Na ja, ich weiß schon, was meine Oma mir damit sagen will. Ich muss Freunde finden und deshalb gebe ich jetzt in diesem Weihnachtsbuch eine Kontaktanzeige auf. Ich fühle mich gerade wie die einsamste Weihnachtsmaus im Universum. Gibt es vielleicht jemanden, der Lust hat, mit mir Weihnachten zu feiern? Es dauert nämlich noch, bis Oma von den sieben Weltmeeren zurückkehrt. Wenn du einen Hund hast, OK, Katzen gehen aber nicht. Ich falle dir bestimmt nicht zur Last, versprochen!

Weihnachtsmaus

Um eine Weihnachtsmaus zu nähen, benötigen Sie Sackleinen oder einen alten Kartoffelsack (ca. 45 cm x 80 cm), Reste von schwarzem Leinenstoff für Ohren und Schwanz, schwarzen Baumwollstoff in Lakenqualität als Futterstoff, schwarze Vlieseline, einen dicken Stahldraht für die Arme und Beine, feinen Stahldraht für die Schnurrhaare, kräftiges Leinengarn zum Annähen von Armen und Beinen, normales Nähgarn, zwei schwarze Perlen für die Augen, eine schwarze Perle für die Nase, etwa 300 g Reis und Wolle als Füllmaterial.

Das Schnittmuster (siehe S. 210/211) auf Papier übertragen und die Einzelteile mit mindestens 1 cm Nahtzugabe zuschneiden. Aus Sackleinen und schwarzem Leinenstoff jeweils 2 Ohren zuschneiden. Der Schwanz besteht aus schwarzem Leinenstoff, die 2 Kopf- und Körperteile aus Sackleinen. Letztere für das Futter ein weiteres Mal aus dem schwarzen Baumwollstoff ausschneiden. Dann 1 Boden und jeweils 4 Arm- und Beinteile aus Sackleinen zuschneiden. Das Schnittmuster für die Beine und die Arme schräg auf den Stoff legen, damit sie an der fertigen Maus leicht verdreht wirken. Schließlich die Arme und Beine noch einmal aus Vlieseline zuschneiden und auf die linke Seite der zugehörigen Teile bügeln.

Die Stücke für die einzelnen Körperteile zusammennähen, wenden und die Nähte gut auseinanderbügeln. Das Futter für Körper und Kopf rechts auf rechts auf die Sackleinenteile legen und zusammennähen. Wenden. Den unteren Teil des Körpers mit Reis füllen, um ihn zu beschweren und der fertigen Maus einen stabilen Stand zu verleihen. Den restlichen Körper mit Wolle auffüllen. Stopfen Sie den Körper nicht zu prall, die Maus soll etwas schlaff wirken. Dann auch den Kopf ausfüllen. Die Ohren zusammennähen – das Vorderteil aus Leinenstoff, das rückwärtige Teil aus Sackleinen – und die Arme und Beine rechts auf rechts zusammennähen. Alle Teile wenden. Den Stahldraht in der Mitte umknicken und die Enden miteinander verzwirbeln. Die Drähte bis vorn in die Arme und Beine stecken und beim späteren Annähen an den Körper mit in die Naht nehmen. So kann man Arme und Beine später biegen und der Maus verschiedene Ausdrücke verleihen. Ohren, Schwanz, Arme und Beine werden nicht gefüllt. Den Schwanz längs mittig falten und mit schwarzem Nähgarn von Hand zusammennähen. Den Kopf und alle anderen Körperteile mit schwarzem Leinengarn und groben Stichen an den Körper nähen. Zwei Perlen für die Augen und eine Perle für die Nase annähen. Zuletzt die Schnurrhaare aus dünnem Stahldraht durch die Schnauze stecken.

Brich an, du schönes Morgenlicht

Brich an, du schönes Morgenlicht!
Das ist der alte Morgen nicht,
Der täglich wiederkehret.
Es ist ein Leuchten in der Fern',
Es ist ein Schimmer, ist ein Stern,
Von dem ich längst gehöret.

Der Himmel ist jetzt nimmer weit;
Es nahet die sel'ge Gotteszeit
Der Freiheit und Liebe.
Wohlauf, du frohe Christenheit,
Dass jeder sich nach langem Streit
In Friedenswerken übe!

Wer ist noch, welcher sorgt und sinnt?
Hier in der Krippe liegt ein Kind
Mit lächelnder Gebärde.
Wir grüßen dich, du Sternenheld:
Willkommen, Heiland aller Welt,
Willkommen auf der Erde!

Max von Schenkendorf

Weihnachtsbaum

Der allererste Weihnachtsbaum, wie wir ihn heute kennen, wurde vermutlich im 15. Jahrhundert in Deutschland von der Bäckerinnung aufgestellt. Den mit süßen Dingen behängten Baum durften die Kinder an Neujahr plündern.

Der Brauch mit dem Weihnachtsbaum verbreitete sich durch Geschäftsleute und wohlhabende Menschen, die sich Reisen leisten konnten, rasch in ganz Europa und sogar bis in die USA. 1822 erreichte der Brauch auch Norwegen und verbreitete sich dort gegen Ende des 19. Jahrhunderts im ganzen Land. In Sonntagsschulen und diversen Vereinen wurden Weihnachtsfeiern organisiert, auf denen der Weihnachtsbaum im Mittelpunkt stand.

1919 stellte die Heilsarmee erstmals einen Weihnachtsbaum auf dem Universitätsplatz in Oslo auf – heute eine geliebte Tradition. Seit 1947 sendet die Osloer Kommune alljährlich einen norwegischen Weihnachtsbaum nach London, zum Dank für die Unterstützung während der deutschen Besetzung.

Zwar sind inzwischen einige Norweger zum Plastikbaum konvertiert, dennoch werden jedes Jahr etwa 1,5 Millionen Weihnachtsbäume gekauft. Das Besorgen des Weihnachtsbaums ist für viele Norweger eine wichtige vorweihnachtliche Tradition. Manche schlagen sich ihren Baum im Wald selbst, andere kaufen ihn in der Stadt.

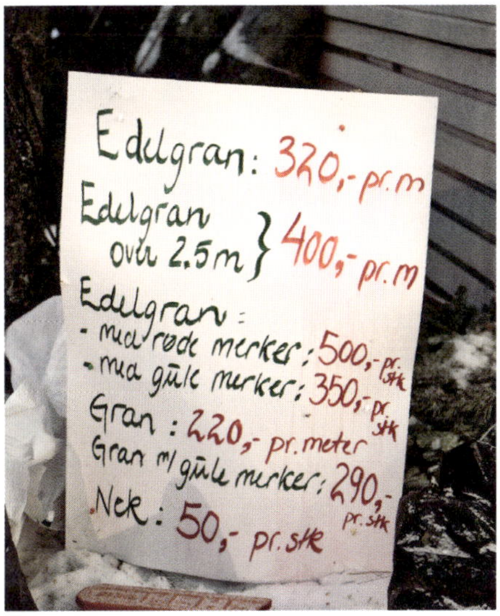
Edelgran: 320,- pr.m
Edelgran over 2.5m } 400,- pr.m
Edelgran:
- med røde merker: 500,- pr. stk
- med gule merker: 350,- pr. stk
Gran: 220,- pr. meter
Gran m/ gule merker: 290,- pr. stk
Nek: 50,- pr. stk

Weihnachtsbaum aus Treibholz

Die Gesamthöhe des Treibholzbaums beträgt etwa 140 cm.

Der Stamm wurde mithilfe von dicken Schrauben am Baumstumpf befestigt. Wir haben sowohl in den Baumstumpf als auch in den Stamm Löcher gebohrt und beide Teile dann zusammengeschraubt.

Mit einem Beitel in die Äste mittig eine zum Stamm passende Kerbe schlagen. Die Äste mit Holzleim ankleben und festschrauben.

Positionieren Sie die Äste am besten versetzt, damit die Kerzen die darüberliegenden Äste später nicht verbrennen. Selbstverständlich können Sie die Äste auch in so großem Abstand platzieren, dass die Kerzen nicht an den darüberliegenden Ast heranreichen können.

In die äußeren Enden der Äste Löcher für die Kerzen bohren und von unten je einen langen Nagel einschlagen, an dessen Spitze die Kerze gesteckt wird. Für die Kerzenhalter aus Getränkedosen passend große Kreise ausschneiden und in die Löcher stecken. Mit Hammer und Nagel ein Loch für den unteren Nagel ins Metall stechen.

In alten Zeiten war es in Norwegen schwierig, eine Tanne oder Fichte für den Weihnachtsbaum zu bekommen. Also nahm man einfach die immergrünen Hölzer, die man zur Verfügung hatte, und nagelte zum Beispiel einen geschmückten Wacholderzweig direkt an die Holzwand im Zimmer. Als Weihnachtsbaumständer nutzte man das Loch eines Schemels oder verwendete ein Butterfass. Erfindungsreiche Zeitgenossen bastelten sich ihren Weihnachtsbaum auch selbst. Sie bohrten viele Löcher in eine Stange und zogen Zweige hindurch. Nach Weihnachten wurden die Zweige verbrannt und die Stange in der Scheune bis zum nächsten Fest zwischengelagert. Manche zimmerten sich auch einen kreuzförmigen Fuß, auf den sie einen Pfahl steckten. Dann nagelte man Querbretter mit absteigender Länge an den Pfahl und schlug Eisenpinne an die Enden der Bretter ein, um daran die Kerzen zu befestigen. Von diesen originellen Ideen inspiriert, haben wir einen Baum aus Treibholz und einen selbstgebauten Weihnachtsbaum aus Zweigen gefertigt.

Selbstgemachter Weihnachtsbaum aus Zweigen

Der Stamm und der Fuß dieses Weihnachtsbaums besteht aus dicken Birkenästen.

Für den Fuß zwei kurze Aststücke zusägen und mit Schraubzwingen an einem Arbeitstisch befestigen. Mit Hammer und Beitel mittig eine Kerbe in die Aststücke schlagen, um diese kreuzförmig ineinander verschränken zu können. Die Aststücke übereinanderlegen und mittig von oben nach unten durchbohren. Auch in den Baumstamm ein Loch bohren und mit einer langen Schraube von der Unterseite des Fußes den Stamm festschrauben.

Nun schräg angesetzte Löcher über den ganzen Stamm verteilt einbohren. Dann Wacholderzweige an den Enden anspitzen und in die Löcher stecken. Den Baum nach Lust und Laune gestalten – entweder ganz perfekt oder eher unordentlich. Den Fuß und den Stamm können Sie im kommenden Jahr wiederverwenden.

O Tannenbaum

O Tannenbaum, o Tannenbaum,
Wie treu sind deine Blätter!
Du grünst nicht nur zur Sommerzeit,
Nein, auch im Winter, wenn es schneit.
O Tannenbaum, o Tannenbaum,
Wie treu sind deine Blätter!

O Tannenbaum, o Tannenbaum,
Du kannst mir sehr gefallen.
Wie oft hat mich zur Weihnachstzeit
Ein Baum von Dir so hoch erfreut!
O Tannenbaum, o Tannenbaum,
Du kannst mir sehr gefallen!

Text: E. Anschütz / J.A. Zarnack
Volksweise um 1800

Aud's Weihnachtsbaum

In der Schule hatte ich das Glück, viele gute Lehrer und Lehrerinnen zu haben. Eine von ihnen war Aud Kaurstad. Sie vermittelte uns alte Handarbeitstechniken und entwickelte auch ihre eigenen Kreationen. Aus Naturmaterialien zauberte sie die wundervollsten Dinge und war für mich eine wichtige Inspirationsquelle. Als Teenager war ich einmal auf einer Weihnachtsfeier bei Aud eingeladen. Sie hatte den schönsten Weihnachtsbaum, den ich je gesehen hatte. Mit seinen Ketten aus Birkenleder und den hübschen weißen Häkelsternen hat er sich richtig in mein Herz eingebrannt. Alles hatte sie selbst gemacht – und so sollte auch mein Weihnachtsbaum werden!

Heidi

STERNTEPPICH
Gehäkelt mit Häkelnadel 15,0 mm, siehe Anleitung auf S. 129.

Häkelstern I

Gehäkelt aus dünnem Garn mit Häkelnadel 1,5 mm.

7 Lm anschl und mit 1 Km zum Ring schließen.

1. Rd: Häkeln Sie * 3 Lm, 1 Stb, 1 Picot (3 Lm, 1 Km in die 1. Lm) oben im Stb, 3 Lm, 1 fM im Ring. Ab * 7x wdh, bis 7 Spitzen im Ring fertig sind.

2. Rd: Entlang der ersten Spitze 3 Km bis zur Oberseite des nächsten Picots häkeln. Ab * bis zum Ende der Rd wdh, bis 7 Lm-Bögen fertig sind.

3. Rd: 1 fM in der fM häkeln und 7 fM im Lm-Bogen bis zum Ende der Rd.

4. Rd: * 2 Lm, 3 Stb, 3 Lm, 3 Stb in der 4. fM im Lm-Bogen, 2 Lm, 1 fM in der fM zwischen den Bögen. Ab * bis zum Ende der Rd wdh.

Den Stern mit einem Aufhänger aus dünnem Metalldraht oder einem Aufhänger aus gehäkelten Lm aufhängen.

Häkelstern II

Gehäkelt aus dünnem Garn mit Häkelnadel 1,5 mm.

6 Lm anschl und mit 1 Km zum Ring schließen.

1. Rd: 1 Lm (zählt als 1 fM), danach 11 fM im Ring, abschließen mit 1 Km in die 1. Lm (=12 fM).

2. Rd: * 10 Lm, 1 fM überspringen, 1 fM in die nächste fM häkeln. Ab * bis zum Ende der Rd wdh (= 6 Lm-Bögen), abschließen mit 1 Km in die 1. Lm.

3. Rd: 4 Km über den ersten Bogen häkeln, dann 3 fM oben auf den Bogen häkeln, * 6 Lm, 3 fM in den nächsten Bogen. Ab * bis zum Ende der Rd wdh, abschließen mit 6 Lm, 1 Km vor der 1. fM.

4. Rd: * 3 fM über die fM der vorherigen Rd häkeln, 5 fM in den Bogen. Ab * bis zum Ende der Rd wdh, abschließen mit 1 Km vor die 1. fM.

5. Rd: 3 fM in die fM der vorherigen Rd. * 15 Lm, 3 fM in die fM der vorherigen Rd. Ab * bis zum Ende der Rd wdh, abschließen mit 15 Lm, 1 Km vor die 1. fM der vorherigen Rd.

6. Rd: 2 Km über die 3 fM der vorherigen Rd häkeln, 2 Lm, * 1 Stb, 1 Lm in den Lm-Bogen. Ab * fortlaufend wdh, bis Sie 10 Stb in den Bogen gehäkelt haben. Danach häkeln Sie 2 Lm, 1 fM in die mittlere der 3 fM aus der vorherigen Rd, 2 Lm. Auf diese Weise rund um den Stern fortsetzen, mit 1 fM in die mittlere der 3 fM aus der vorherigen Rd abschließen.

7. Rd: 1 fM in den 2. Lm-Bogen häkeln, dann 1 fM in jedes Stb und in jeden Zwischenraum zwischen den Stb, aber mit 3 Lm zwischen dem 5. und 6. Stb, um eine Spitze zu häkeln. Dann auf dieselbe Weise die nächste Spitze häkeln. Die Rd mit 1 Km zwischen der Spitze abschließen.

Den Stern mit einem Aufhänger aus dünnem Metalldraht oder einem Aufhänger aus gehäkelten Lm aufhängen.

Herzkörbchen aus Birkenleder

Sie benötigen Birkenleder, einen Cutter, Klammern und Holzleim. Das Birkenleder einen Tag im Voraus in Wasser einweichen (siehe S. 130).

Diese Technik erfordert etwas Übung, haben Sie also etwas Geduld! Verwenden Sie so dünnes Birkenleder wie möglich. Die Vorlage finden Sie auf S. 210. Flechten Sie den Korb, fixieren Sie die Teile mit Klammern und lassen Sie alles gut trocknen. Mit Holzleim einen Henkel ankleben, diesen mit Klammern fixieren und nochmals trocknen lassen.

Birkenlederkette

Sie benötigen Birkenleder, einen Cutter, Klammern und Holzleim. Das Birkenleder einen Tag im Voraus in Wasser einweichen (siehe S. 130).

Die Streifen für die Ringe in der gewünschten Länge und Breite zuschneiden. Dann die Streifen zu einem Ring kleben, mit Klammern zusammenhalten und trocknen lassen. Die Ringe anschließend mit Holzleim zu einer Kette verbinden und alles nochmals mithilfe der Klammern trocknen lassen.

Weihnachtsschmuck aus Birkenleder

Wer Weihnachtsschmuck aus Birkenleder herstellen möchte, muss viel Zeit einplanen. Ich besorge mir meine Birkenrinde immer im Wald, in Deutschland sollten Sie die Rinde allerdings im Internet bestellen, die dort bei verschiedenen Anbietern in Form von Platten oder Rollen erhältlich ist.

Ich gehe in den Wald, um dort, natürlich nicht ohne den Eigentümer zuvor um Erlaubnis gefragt zu haben, Birkenrinde von den Bäumen zu schälen. Am besten geht das von Mai bis Juni, wenn sich die Knospen zu Blättern öffnen und der Baum gut im Saft steht.

Ich suche mir immer Bäume aus, die abseits von Straßen und Wegen stehen, da die abgeschälten Birken eine Zeitlang nicht so attraktiv aussehen und viele Naturliebhaber kein Verständnis für mein Hobby haben. Die Bäume kommen allerdings gut mit dem Schälen klar, die Rinde wächst peu à peu wieder nach.

Bewaffnet mit einem Cutter oder einem anderen scharfen Messer gehe ich auf die Jagd nach einer Prachtbirke und sobald ich sie gefunden habe, schneide ich die Rinde 2–3 mm ein, um ein großes Stück abnehmen zu können. Schneiden Sie auf keinen Fall tiefer ein, das schadet dem Baum!

Die Rinde trockne ich mit einem Gewicht beschwert. So lässt sie sich später besser bearbeiten und auch lagern. Während des Trocknens wende ich die Rinde immer wieder und wechsle auch den Ort, damit sich kein Schimmel bildet.

Getrocknete Rinde kann man jahrelang aufbewahren. Sie muss vor der Verwendung nur über Nacht in Wasser eingeweicht werden.

Blumenübertopf aus Birkenleder

Sie benötigen Birkenleder, einen Cutter und eine Hanfschnur.

Die Höhe und den Umfang des Blumentopfs messen. Beim Umfang ein paar Millimeter hinzurechnen, denn es sieht hübsch aus, wenn das Birkenleder an der Nahtstelle stark überlappt. Aus Birkenleder ein passend großes Rechteck ausschneiden und 24 Stunden in Wasser einweichen, damit es formbar wird. Das Birkenleder zu einem Zylinder formen, mit einer Schnur zusammenbinden und gut trocknen lassen. Die Schnur lösen und den Topf über den Blumentopf stülpen. Mit einer hübschen Schnur oder mit Metalldraht umwickeln und dekorieren.

Die allerersten Weihnachtsbäume wurden mit Rosen, Oblaten, Gebetsketten und Äpfeln behängt. Das ist bei uns in Norwegen zwar nicht mehr üblich, doch in anderen Gegenden der Erde wird diese Tradition noch aufrechterhalten. Die Rose symbolisiert die ewige Liebe, die Schönheit, den Tod und die Wiedergeburt. Die Jungfrau Maria ist die Rose ohne Dornen und wird auch als „rosa mundi", die Rose der Welt, bezeichnet. Die Rose wird teilweise ebenfalls als Zeichen für den Erlöser gedeutet, der in Form einer Rose aus einer Wurzel wächst, wie es im Lied „Es ist ein Ros entsprungen" besungen wird.

„Eine Rose ist eine Rose ist eine Rose ist eine Rose."

Gertrude Stein

Papierrosen mit Wachsüberzug

Sie benötigen rotes Seidenpapier, dünnen Stahldraht, einen Seitenschneider, rotes Kerzenwachs und eine Metalldose. Die Rosen sind leicht zu falten und werden mit etwas Übung garantiert wunderschön.

1 Einen 50 cm langen und 13 cm breiten Papierstreifen zuschneiden, längs mittig falten und an einem Ende mit einer Schere abrunden. Das wird das Endstück der Rose.

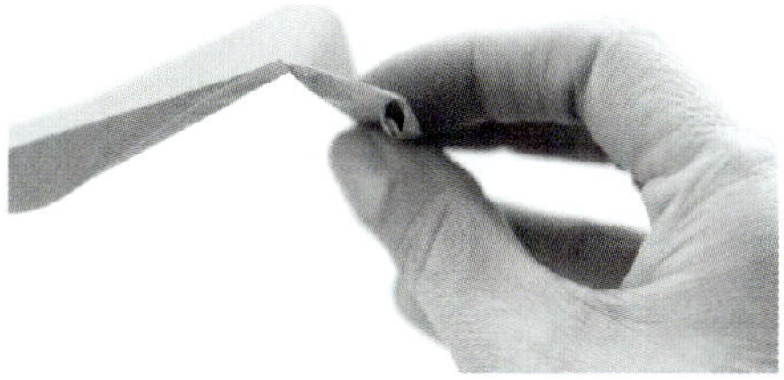

2 Den Papierstreifen am geraden Ende zunächst viermal ganz eng falten. Dies wird das Zentrum der Rose.

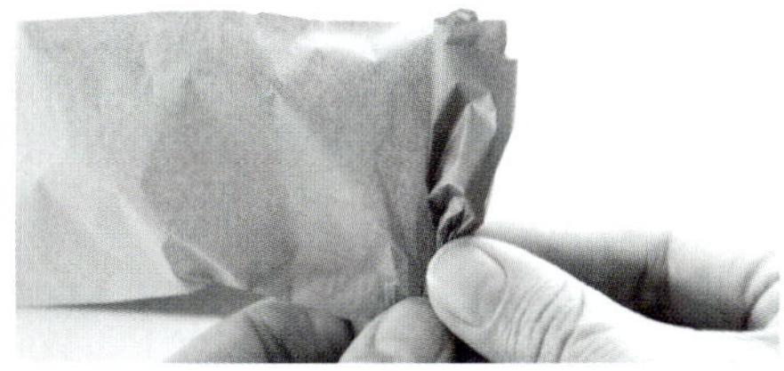

3 Den Streifen weiter um die Mitte herum wickeln und die einzelnen Lagen unten mit den Fingern dabei gut festhalten.

4 Die Rose weiter aufrollen und darauf achten, dass sie innen enger gerollt ist als außen. Das doppelt gelegte Seidenpapier leicht auseinanderziehen, so entsteht ein luftigerer Effekt.

5 Wenn der gesamte Streifen aufgerollt ist, die Rose unten mit Stahldraht umwickeln.

6 Das Papier rund um den Draht nach außen falten, damit die Rose besser sitzt, wenn sie z. B. an einem Zweig befestigt wird.

7 Das Kerzenwachs in einen Metallbehälter geben und in einem Topf mit heißem Wasser im Wasserbad bei schwacher Hitze vorsichtig schmelzen. Das Wachs soll schmelzen, aber nicht zu heiß werden. Den Herd und die Arbeitsplatte mit Alufolie abdecken. Wenn das Wachs geschmolzen ist, die Rosen kurz einmal komplett hineintauchen. Gut abtropfen lassen und auf Zeitungs- oder Backpapier trocknen lassen.

Als wir diese Rosen einmal auf einem Weihnachtsmarkt verkauft haben, sprach uns eine alte englische Dame an. Sie hatte diese Art von Rosen seit ihrer Kindheit nicht mehr gesehen und verknüpfte viele schöne Erinnerungen damit. Obwohl die Dame eine lange Heimreise hatte, wollte sie unbedingt eine solche Rose mitnehmen. Nachdem wir sie vorsichtig in eine Schachtel mit Seidenpapier gepackt hatten, verließ die Frau freudestrahlend den Markt.

Varianten des Häkelsterns II

Der Anleitung auf S. 129 folgen, aber andere Garn- und Nadelstärken verwenden – zum Beispiel dünnes Leinengarn oder megadickes Wollgarn.
Die Sterne kann man an den Weihnachtsbaum hängen, an der Spitze des Baums befestigen, als riesigen Sternteppich unter den Baum legen oder als Untersetzer oder Tischdeko verwenden.

- WEIHNACHTSBAUMSTERN:
  Passendes Garn für Häkelnadel 3,0 mm.
  Siehe Foto S. 141.
- STERNTEPPICH UNTER DEM WEIHNACHTSBAUM:
  Passendes Garn für Häkelnadel 15,0 mm.
  Siehe Foto S. 127.
- TELLERUNTERSETZER:
  Passendes Garn für Häkelnadel 6,0 mm.
  Siehe Foto S. 138.

Telleruntersetzer

Passendes Garn für Häkelnadel 6,0 mm, siehe Anleitung für Häkelstern II auf S. 129.

Großer Wollstern

Siehe S. 140.

Ganz im Zeichen unserer Großmütter, die feine Häkelarbeiten gern mit Zuckerwasser stärkten, haben wir einen großen, gestärkten Häkelstern hergestellt. Man kann ihn ins Fenster, an die Tür oder an den Weihnachtsbaum hängen. Wir spielen gern mit verschiedenen Materialien oder vergrößern stark ein Muster, um neue Effekte zu erzielen. Wer in der Familie ein paar „Häkeltanten“ hat, kann diese einmal nach Anleitungen für unkomplizierte Häkelarbeiten fragen. Wenn Sie diese mit kräftigerem Garn oder einer dickeren Häkelnadel nacharbeiten, halten Sie etwas in den Händen, das garantiert einzigartig ist.

Großer Wollstern I

Der große Wollstern auf der vorherigen Seite wird nach derselben Anleitung wie der Häkelstern auf Seite 129 gearbeitet. Wir haben hier jedoch Wollgarn für eine 10 mm starke Häkelnadel verwendet.

EXTRASTARKE ZUCKERLÖSUNG
200 ml Wasser
160 g Zucker

Das Wasser aufkochen und den Zucker darin unter Rühren auflösen. Das Gemisch abkühlen lassen. Den Stern in die Lösung legen, bis er sich ganz vollgesogen hat. Dann den Stern in die richtige Form ziehen und auf einem Küchentuch oder Handtuch über Nacht trocknen lassen.

Weihnachtsbaumstern

Sie benötigen passendes Garn für die Häkelnadel 3,0 mm, siehe Anleitung für den Häkelstern II auf S. 129.

Um den Stern zu stärken, entlang der Kanten Metalldraht einnähen. Lassen Sie vom Draht lange Enden stehen und befestigen Sie den Stern damit am Baum.

Aschenbrödel

Für viele ist Weihnachten ohne den wunderschönen deutsch-tschechischen Film „Drei Haselnüsse für Aschenbrödel“ undenkbar. In Norwegen wurde der Film erstmals 1975 im Fernsehen gezeigt und viele Leute sind mit ihm aufgewachsen. Als der Sender NRK den Film ein paar Jahre in Folge nicht zeigte, gab es wütende Proteste der Fans und er wurde schnell wieder ins Programm aufgenommen. Das Aschenbrödel im Film ist ein taffes Mädchen, das besser schießen und schneller reiten kann als der Prinz und seine Freunde. Inspiriert durch diesen Film haben wir Prinzessinnen-Capes, Ritterkappen, eine gehäkelte Tiara, ein Festkleid mit Silberärmeln sowie ein Alltagskleid mit Schürze entworfen.

Ritterkappen und Aschenbrödel-Capes

Die folgenden drei Kappen und Capes sind auf Größe 134 ausgelegt und haben dasselbe Schnittmuster als Grundlage. Das Aschenputtel-Cape hat an der Kapuze eine lange Spitze, die zwei Ritterkappen haben eine runde bzw. eckige Kapuze. Natürlich kann man die Ritterkappen auch mit spitzer Kapuze versehen.

Sie benötigen Wollstoff, Leinenstoff für das Futter, ein Band für eine Schlaufe und einen großen Knopf oder eine Trachtenbrosche als Verschluss.

SCHNITTANLEITUNG FÜR RITTERKAPPEN UND ASCHENBRÖDEL-CAPES

Der Schnitt auf S. 213 auf Packpapier mit den angegebenen Maßen übertragen. Dazu zunächst zwei Hilfslinien aufzeichnen, die senkrecht aufeinanderstehen (siehe gestrichelte Linien in Zeichnung 1). Beim weiteren Aufzeichnen immer diese Linien als Richtschnur verwenden.

Beim Zuschneiden der Einzelteile 1 cm Nahtzugabe hinzurechnen. Bei Wollfleece oder anderen elastischen Stoffen kann man die Kappe komplett ausschneiden, ohne sie in verschiedene Teile aufzuteilen (siehe Zeichnung 3). Bei festeren Stoffen empfiehlt es sich, für eine bessere Passform Einzelteile wie in Zeichnung 2 zuzuschneiden. Achten Sie beim Zuschnitt auf den korrekten Fadenlauf der Einzelteile.

Ritterkappe

Richten Sie sich nach Zeichnung 2 auf S. 213. Die Teile I, II und III zusammennähen. Dann wie in Zeichnung 5 gezeigt, die Oberseite der Kapuze zusammennähen und nach Belieben die Spitze annähen (dasselbe gilt auch, wenn Sie Modell Nr. 3 wählen). Die Kappe dann wie bei den Zeichnungen 6 und 7 gezeigt zusammennähen. Das Futter wie auf S. 147 beschrieben nähen. Für den Verschluss einen ca. 4 cm breiten Streifen zuschneiden, die Länge hängt von der Größe des Knopfes ab. Den Streifen längs rechts auf rechts falten, zusammennähen, wenden und bügeln. Den Streifen als Schlaufe zwischen Stoff und Futter legen, annähen, und die Kappe dann auf rechts wenden. Wenn Sie Wollfleece oder einen anderen elastischen Stoff gewählt haben, benötigen Sie kein Futter. Das Schlaufenband dann an der Innenseite der Kappe und schließlich den Knopf annähen.

Aschenbrödel-Cape

Die Länge des Capes im Schnittmuster bei Bedarf verlängern.

Zunächst die Oberseite der Kapuze zusammennähen. Nach Belieben jetzt auch die Kapuzenspitze annähen (siehe Zeichnung 5). Wie in Zeichnung 6 und 7 gezeigt, die Säume umschlagen und festnähen.

Das Cape ist mit Leinenstoff gefüttert. Das Futter genauso wie das Cape zusammennähen und rechts auf rechts auf das Wollstoffcape legen. Zusammennähen, eine kleine Öffnung lassen, das Cape auf rechts wenden, die Nähte glatt bügeln und rund um die Kante des Capes eine Naht absteppen. Verzieren und schließen kann man das Cape mit alten Trachtenbroschen. Stöbern Sie einmal auf dem nächsten Flohmarkt oder in einem Stoffgeschäft.

Aschenbrödelkleider

Zwar sind die folgenden Kleider leicht zu nähen, ein wenig Näherfahrung ist allerdings von Vorteil.

GILT FÜR BEIDE KLEIDER:
Den Schnitt auf S. 212/213 auf Packpapier mit den angegebenen Maßen übertragen. Dazu zunächst zwei Hilfslinien aufzeichnen, die senkrecht aufeinanderstehen (siehe gestrichelte Linien in den Zeichnungen). Beim weiteren Aufzeichnen immer diese Linien als Richtschnur verwenden und beim Zuschneiden 1 cm Nahtzugabe nicht vergessen. Zuerst die Seitennähte der Kleider zusammennähen, dann die Ärmelnähte. Die Ärmel ans Kleid nähen. Der obere Teil der Ärmel ist auch ein Teil des Halsausschnitts. Den unteren Saum des Kleids umschlagen und absteppen.

Alltagskleid aus braunem Leinen

Dieses Kleid besteht aus Leinenstoff und hat unversäuberte Ärmelabschlüsse. Damit es nicht ausfranst, einige Millimeter von der Kante entfernt dicht absteppen. Am Halsausschnitt an der Innenseite ein Schrägband anbringen und als Tunnel für ein Gummiband verwenden. Das Gummiband einfädeln und verknoten.

Ballkleid mit Silberärmeln

Das Ballkleid besteht aus Leinenstoff, die Ärmel aus silberfarbenem Brokatstoff.
HALSAUSSCHNITT: Den Ausschnitt 2 mm von der Kante entfernt mit der größtmöglichen Stichlänge absteppen. Am Endfaden ziehen und den Stoff so kräuseln. Den hinteren mittigen Schlitz mit einem aus Leinenstoff zugeschnittenen Schrägband versäubern. Dann schräg einen Streifen Silberbrokat zuschneiden, der ca. 3 cm breit und so lang wie der Halsausschnitt ist. Das Band mit Stecknadeln rechts auf rechts an den Ausschnitt heften und dabei leicht am Band ziehen.

Das Schrägband auf der linken Seite von Hand annähen und am Ende für den Verschluss eine Schlaufe annähen.

GUMMIZUG AN DEN ÄRMELN: Wie auf der Zeichnung auf S. 212 markiert, ein Schrägband als Tunnelzug annähen, das Gummiband einfädeln und verknoten. Das Kleid mit einer Trachtenbrosche oder mit Trachtenknöpfen verzieren.

BINDEBAND: Aus Leinenstoff zwei lange Streifen mit 4,5 cm Breite und 150 cm Länge zuschneiden. Längs rechts auf rechts falten, zusammennähen, wenden und bügeln. Die Bänder mittig falten und 6 cm unter den Ärmeln in der Seitennaht annähen. Es hängen unter jedem Ärmel zwei Bänder, die man vorn und hinten zusammenbinden kann.

HINWEIS: Kleidung mit unversäuberten Kanten immer in einem Waschbeutel waschen! So hält sie viel länger und man hat keine losen Fäden in der Waschmaschine.

Graue Tiara

Sie benötigen dünnes Leinengarn für die Häkelnadel 1,5 mm und dünnes Silbergarn. Verhäkeln Sie beide Fäden gleichzeitig. Zudem brauchen Sie ein Stück Gummiband, um die Tiara an der Rückseite zusammenzubinden. So sitzt sie besser.

Die graue Tiara wird wie die weiße Tiara gehäkelt, mit Ausnahme der oberen Bögen in der letzten Rd. Hier häkelt man sogenannte Picots an die Spitzen der Bogengruppen bzw. Spitzen, die fast wie Perlen aussehen. Und so geht's:

* 5 Lm, 1 Km in die 3. Lm ab der Nd (= 1 Picot), 2 Lm, 1 Stb in den Lm-Bogen. Ab * fortlaufend für die 1. Bogengruppe wdh. Auf die mittlere, etwas höhere Bogengruppe häkeln Sie 6 Lm, 1 Km in die 3. Lm ab der Nd (= 1 Picot), 3 Lm.

TIARA STÄRKEN MIT ZUCKERLÖSUNG
200 ml Wasser aufkochen und 80 g Zucker unter Rühren darin auflösen. Das Gemisch mit 400 ml kaltem Wasser verdünnen und die Häkelarbeit in die Lösung legen. Gut einziehen lassen, dann herausnehmen und die Tiara in Form ziehen. Legen Sie die Tiara zum Trocknen rund um eine Schüssel, damit sie gleich die richtige Form erhält. Die Enden während des Trocknens mit Klammern zusammenhalten.

HINWEIS: Ist die Tiara nicht steif genug, eine konzentriertere Zuckerlösung anrühren und die Tiara nochmals stärken.

Aschenbrödelschürze

Die Schürze besteht aus Leinenstoff, siehe Foto auf S. 143.

Den Schnitt auf S. 212 auf Packpapier mit den angegebenen Maßen übertragen. Dazu zunächst zwei Hilfslinien als Richtschnur aufzeichnen, die senkrecht aufeinanderstehen. Beim Zuschneiden 1,5 cm Nahtzugabe nicht vergessen. Die obere und untere Kante umschlagen, bügeln und feststeppen.

Für das Bindeband einen Streifen (6 cm x 162 cm) zuschneiden. Den Streifen längs rechts auf rechts falten und mit 1 cm Nahtzugabe zusammennähen. Auf rechts wenden und bügeln. Die obere Kante der Schürze ca. 1 cm auf die rechte Seite falten und das Bindeband darauflegen. Mit zwei Nähten oben an der Schürze annähen, sodass die Schnittkante verdeckt ist.

Weiße Tiara

Sie benötigen dünnes Leinengarn für die Häkelnadel 1,5 mm, dünnes Silbergarn und ein Stück Gummiband, um die Tiara an der Rückseite zusammenzubinden. Beide Fäden gleichzeitig verhäkeln.

Ca. 115 Lm anschl (oder in Länge nach Wunsch).

1. R: 1 Stb in die 4. Lm ab der Nd häkeln, danach 1 Stb in jede Lm bis zum Ende der R. Den Faden abschneiden.

2. R: 7 Lm in ca. 37 Stb häkeln. 3 Stb überspringen, 1 Stb in das nächste Stb. * 5 Lm, die nächsten 3 Stb überspringen, 1 Stb in das nächste Stb. Ab * fortlaufend wdh, bis Sie 11 Lm-Bögen gehäkelt haben.

3. R: 3 Km in den 1. Lm-Bogen häkeln, * 3 Lm, 1 Stb in den nächsten Lm-Bogen (5 Lm, 1 Stb in denselben Bogen) 3x wdh, 3 Lm, 1 fM im nächsten Lm-Bogen. Ab * fortlaufend wdh (= 2 Bogengruppen/Spitzen an der Tiara). Danach häkeln Sie 3 Lm, 1 Stb in den nächsten Bogen, 7 Lm, 1 Stb in denselben Bogen, 10 Lm, 1 Stb in denselben Lm-Bogen, 7 Lm, 1 Stb in denselben Bogen. Daraus wird die mittlere Bogengruppe/Spitze der Tiara.

Danach 2 Lm-Bögen wie die ersten 2 häkeln. Mit 3 Lm und 1 fM im letzten Lm-Bogen abschließen.

An die Enden der fertig gestärkten Tiara mittig ein Gummiband annähen.

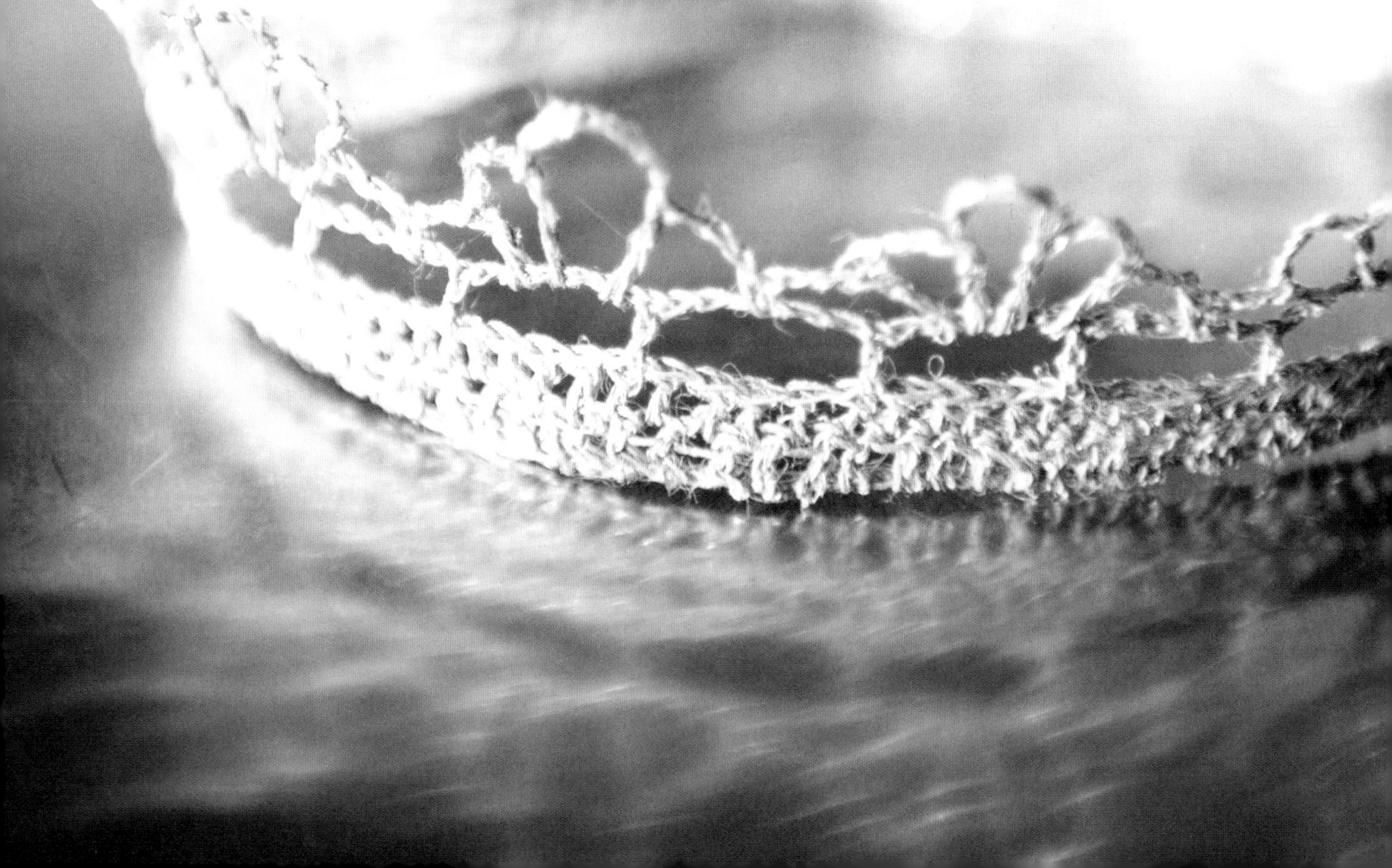

Weihnachtsbäume aus Rinde

Inspiration kann man überall bekommen, sogar dort, wo man es nicht erwartet. Bei einem Skiurlaub in den Alpen stießen wir auf schöne windschiefe Tannenbäume aus dünnem Holz mit Rinde. Wir waren begeistert und mussten gleich unsere eigene Version kreieren! Wer auch einen Narren an diesen rauen Gestalten gefressen hat, kann gleich einen ganzen Wald basteln!

Sie benötigen ein Brett aus Fichten- oder Kiefernholz mit Rinde und eine Stich- oder Motorsäge. Passen Sie die Dicke des Bretts an die von Ihnen gewünschte Größe der Tannenbäume an. 5-6 cm sind hier eine gute Richtschnur.

Auf die Holzseite des Bretts den Umriss eines Tannenbaums aufzeichnen, dabei die gesamte Breite des Bretts ausnutzen. Das Brett mit Zwingen gut an einem Tisch oder einer Hobelbank befestigen und die Tanne mit einer Stich- oder Motorsäge aussägen.

TIPP!
Für die Nutzung einer Motorsäge benötigt man mancherorts einen Motorsägenschein und zudem einiges an Übung. Eine Stichsäge ist für uns Laien daher die bessere Wahl, allerdings kann man damit keine dicken Bretter zersägen. Die Alternative sind dünne Bretter, doch diese haben oft keinen festen Stand. Montieren Sie instabile Exemplare daher auf einen Fuß aus Holz.

Tanzende Filzengel

Sie tanzen auf Wolken oder an schneebedeckten Berghängen, sodass die Schneeflocken nur so stieben. Wenn Sie ihnen einen kleinen Tanzboden einrichten, fühlen sich diese Engel bestimmt auch bei Ihnen zu Hause wohl. In den Armen und Beinen der Tanzengel ist ein Metalldraht verborgen, der sich in jede erdenkliche Richtung beugen lässt. Die Größe und Form der Engel können Sie leicht an Ihre Wünsche anpassen.

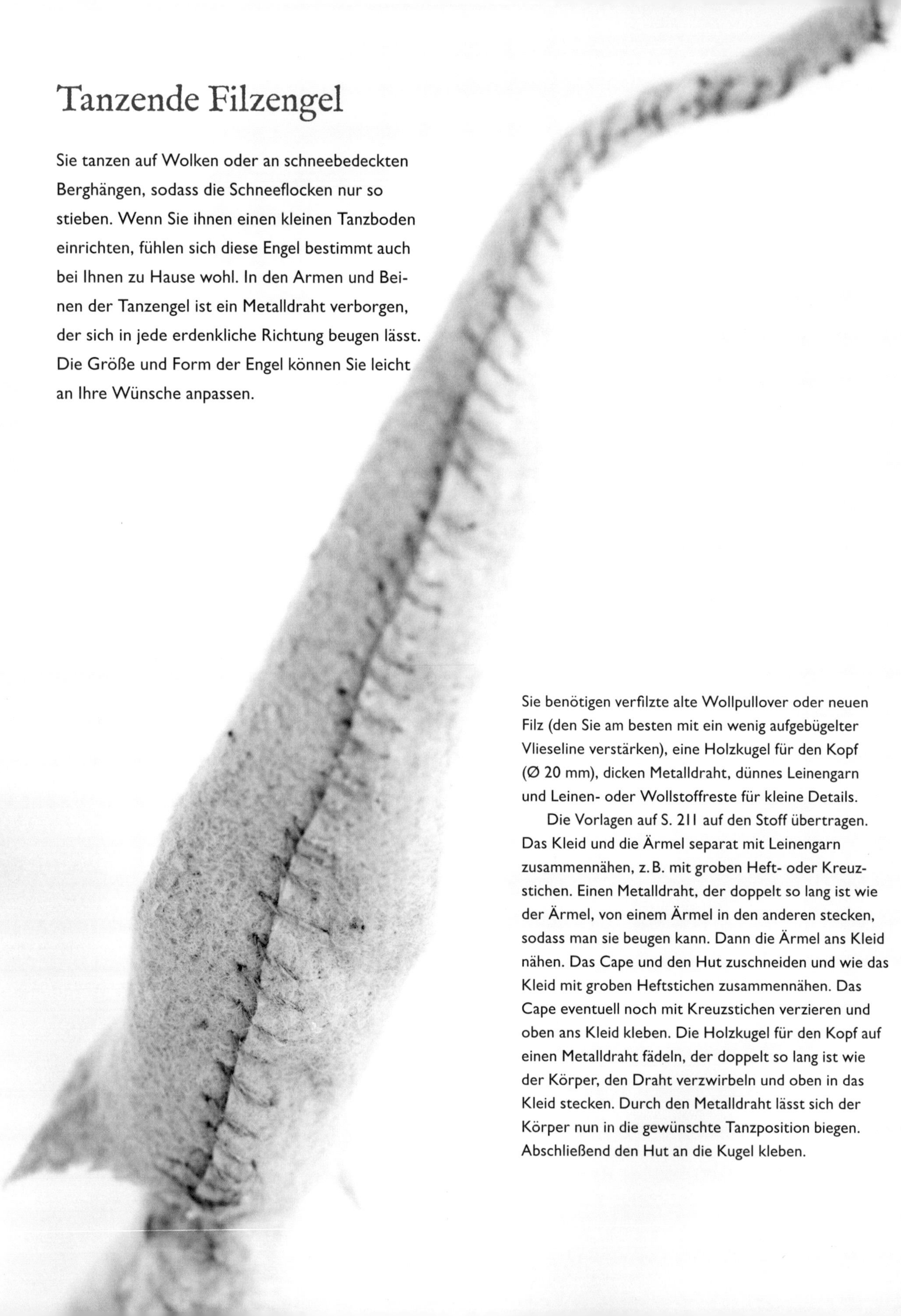

Sie benötigen verfilzte alte Wollpullover oder neuen Filz (den Sie am besten mit ein wenig aufgebügelter Vlieseline verstärken), eine Holzkugel für den Kopf (Ø 20 mm), dicken Metalldraht, dünnes Leinengarn und Leinen- oder Wollstoffreste für kleine Details.

Die Vorlagen auf S. 211 auf den Stoff übertragen. Das Kleid und die Ärmel separat mit Leinengarn zusammennähen, z. B. mit groben Heft- oder Kreuzstichen. Einen Metalldraht, der doppelt so lang ist wie der Ärmel, von einem Ärmel in den anderen stecken, sodass man sie beugen kann. Dann die Ärmel ans Kleid nähen. Das Cape und den Hut zuschneiden und wie das Kleid mit groben Heftstichen zusammennähen. Das Cape eventuell noch mit Kreuzstichen verzieren und oben ans Kleid kleben. Die Holzkugel für den Kopf auf einen Metalldraht fädeln, der doppelt so lang ist wie der Körper, den Draht verzwirbeln und oben in das Kleid stecken. Durch den Metalldraht lässt sich der Körper nun in die gewünschte Tanzposition biegen. Abschließend den Hut an die Kugel kleben.

In den guten alten Zeiten war eine Weihnachtskarte im Briefkasten etwas ganz Besonderes, das man wie einen Schatz hütete. Aus den schönsten Exemplaren bastelte man gern individuellen Weihnachtsschmuck wie Herzkörbchen, Kerzenhalter oder Schachteln und ehrte den Absender damit auf liebevolle Weise. Upcycling ist somit keine Erfindung der Neuzeit!

Heutzutage erhält man zu Weihnachten oft Fotokarten von der Familie oder Freunden. Einige davon haben wir in Weihnachtskörbchen à la 21. Jahrhundert verwandelt.

Weihnachtskörbchen aus alten Fotokarten

Die Einzelteile nach Vorlage (siehe S. 210) ausschneiden. An den eingezeichneten Punkten mit Stecknadeln Löcher ins Papier einstechen. Nun die Teile mit Kettmaschen zusammenhäkeln. Dazu zunächst eine Runde um jedes Einzelteil arbeiten, dann die Teile zusammenhäkeln. Schließlich aus Luftmaschen einen Aufhänger häkeln, den Faden abschneiden und vernähen.

Anstatt mit der Häkelnadel, können Sie die Teile auch mit dem Schlingstich zusammenheften.

Flechtkörbchen aus alten Weihnachtskarten

In ganz Skandinavien sind Flechtkörbchen in Herzform seit Urzeiten fester Bestandteil des Weihnachtsschmucks. Diese hier haben wir aus Fotokarten gebastelt, die uns zugeschickt wurden. Verwenden Sie Karten, die farblich zueinander passen und schneiden Sie die Einzelteile gemäß der Vorlagen auf S. 210 aus. Besonders schön sieht es aus, wenn Sie eine Seite mit Bild und eine Seite mit Schrift miteinander verflechten. Zum Schluss einen Henkel ankleben.

David

Buchenholzstäbe für *pinnekjøtt*

Im Westen und Norden Norwegens isst man zu Weihnachten traditionell *pinnekjøtt* (gepökelte Lammrippe). Das gepökelte Fleisch wird mit Buchenholzstäben und Wasser in einen Topf gepackt und nur im Dampf gegart. Viele Norweger kaufen die Holzstäbe im Supermarkt, doch sie lassen sich auch im Handumdrehen selber fertigen. Wer kann, nimmt eine Axt – wir haben lieber trockene Zweige entrindet, damit unsere Finger zu Weihnachten auch garantiert noch alle dran sind.

Windlicht aus Kiefernästen

Manchmal macht es richtig Spaß, ein Projekt in einem etwas größeren Maßstab zu bauen. Dieses riesige Windlicht kann man im Garten aufstellen oder auch im Haus – vorausgesetzt man hat genügend Platz.

Sie benötigen ein großes Gefäß aus Glas für die Kerze oder ein großes Einmachglas, zwei dicke Stahldrähte (je 115 cm lang) und verschiedene Kiefernäste (Ø 2–4,5 cm, 90–130 cm lang). Sie können auch kleinere Zweige verwenden, die leichter handzuhaben sind. Dann brauchen Sie noch eine Säge und einen Bohrer.

Die Enden der Äste mit einer Kapp- oder Handsäge glatt absägen. So bekommt das Windlicht einen besseren Stand.

Bohren Sie jeweils 12 cm und 60 cm vom unteren Astende Löcher in das Holz. Achten Sie darauf, hier exakt zu arbeiten, damit das Windlicht später stabil steht. Anschließend die Stahldrähte durch die beiden Löcherreihen fädeln. Die Drahtenden zu Haken formen, sodass diese später ineinander verhakt werden können. Eine Kerze in das Glas setzen und das Ästewindlicht darum aufstellen.

Möchten Sie zu Weihnachten gerne einmal einen Früchtekuchen backen, haben aber keine Lust, die vielen Zutaten klein zu schneiden? Dann sollten Sie unbedingt diese Version ausprobieren! Hier öffnet man einfach nur die Tüten mit den Zutaten und rührt alles zusammen. Zugegeben, die Außenseite macht optisch nicht viel her, doch aufgeschnitten ist der Kuchen eine wahre Augenweide! Viel Spaß beim Backen!

Kinderleichter Früchtekuchen

500 g entsteinte Datteln
200 g getrocknete Aprikosen
350 g ganze Haselnuss- oder Paranusskerne
1 TL Zimt
1 TL Ingwerpulver
1 TL gemahlene Gewürznelke
1 TL gemahlener Pfeffer
1 Prise Salz
100 g Mehl
80 g Zucker
3 Eier

Alle trockenen Zutaten in einer Schüssel mischen. Dann die Eier verquirlen und untermengen. Nach einem Kuchenteig sieht diese Masse zwar nicht aus, doch im Ofen verwandelt sich das Ganze wirklich in einen Kuchen, versprochen! Den Teig in eine mit Backpapier ausgelegte Kastenform (1,5 l Inhalt) füllen und ordentlich zusammendrücken. Die Form mit Backpapier abdecken und auf der untersten Schiene im vorgeheizten Backofen bei 150 °C 75 Minuten lang backen. Achtung, am Ende wird der Kuchen leicht zu dunkel!

Den Kuchen in der Form abkühlen lassen und dann in Frischhaltefolie eingewickelt im Kühlschrank aufbewahren. Dort hält er sich ein paar Wochen. Auch einfrieren lässt er sich gut.

TIPP!

- Die Datteln durch Backpflaumen oder Trockenfeigen ersetzen.
- Die Früchte und Nüsse ein paar Stunden in 200 ml Cognac oder Apfelsaft einweichen.
- Der Kuchen ist auch prima als Wandersnack geeignet, backen Sie ihn also nicht nur zur Weihnachtszeit.
- Wenn Sie den Zucker weglassen, wird's ein Früchtebrot.

VØLT

Weihnachtsstrumpf

Die Deutschen haben ihren Nikolausstiefel, wir Norweger unseren Weihnachtsstrumpf. Am Abend vor Heiligabend hängen die Kinder den Strumpf auf, der dann über Nacht gefüllt wird. Von der alten Wollsocke von Papa bis zum großen genähten Exemplar ist alles möglich. Auf manchen Strümpfen ist auch der Name des Kindes eingestickt, damit der Nisse (bei uns füllt der Nisse, ein kleiner Kobold, die Strümpfe) auch garantiert nichts falsch macht.

Meistens steckt der Nisse eine Weihnachtslektüre, ein paar Clementinen und Süßigkeiten in den Strumpf, also Dinge, mit denen sich die Sprösslinge gut den Weihnachtsmorgen vertreiben können.

Dieser Brauch geht ebenfalls auf die Legende vom heiligen Sankt Nikolaus zurück. Ihm war zu Ohren gekommen, dass einem armen Mann das Geld für die Mitgift für seine drei schönen Töchter fehlte und er diese deshalb als Sklavinnen verkaufen wollte. Nikolaus war Erbe eines großen Vermögens und wollte helfen, doch er wusste, dass der alte Mann zu stolz sein würde, um Geld von einem Fremden anzunehmen. Daher warf er heimlich drei Goldkugeln durchs offene Fenster in das Zimmer der Töchter. Diese landeten in den Strümpfen der Mädchen, die sie zum Trocknen an den Kamin gehängt hatten. So konnten die Töchter doch noch gut verheiratet werden.

Sie benötigen Sackleinen und Leinen (jeweils 70 cm x 50 cm), ein kleines Stück Leder oder Gummi, eine dicke Nähnadel, einen Cutter und Nähgarn.

Basteln Sie sich für den Strumpf eine eigene Papiervorlage mit 45 cm Höhe (siehe Foto). Zum Zuschneiden das Sackleinen doppelt legen, die Vorlage auflegen, den Umriss mit Nahtzugabe rundum anzeichnen und ausschneiden. Die Teile rechts auf rechts zusammennähen, die obere Öffnung jedoch offen lassen. Das Gleiche mit dem Futterstoff, dem Leinen wiederholen.

Die Nahtzugaben auseinanderbügeln und die beiden Strümpfe rechts auf rechts ineinanderstecken. Die obere Naht zusammennähen, dabei eine kleine Öffnung zum Wenden lassen. Den Strumpf wenden und die Nähte auseinanderbügeln. Schließlich ca. 0,5 cm von der oberen Kante entfernt absteppen.

Mit einer dicken Nähnadel und Leinen- oder Hanfgarn oben am Strumpf ein Stück Leder oder Gummi annähen. Schneiden Sie zur Aufhängung mit einem Cutter einen Schlitz hinein. Den Strumpf am Abend vor Heiligabend aufhängen und hoffen, dass der Nisse auch in Deutschland vorbeischaut!

Der Weihnachtsnisse

In Norwegen bringt an Heiligabend nicht das Christkind, sondern der Nisse die Geschenke. Er ist eine Mischung aus dem amerikanischen Santa Claus und dem norwegischen *fjøsnisse* (Stallnisse), ein kleiner Mann mit langem Bart, Kniebundhosen und roter Zipfelmütze. Das Wort *nisse* ist eine Verkleinerungsform von *Nils*, der norwegischen Form für *Nikolaus*.

Der *fjøsnisse* lebte in der Scheune und war meist ein freundlicher Geselle, doch war man nicht nett zu ihm, spielte er böse Streiche. Er beschützte Stall und Hof vor bösen Mächten und kümmerte sich um das Vieh im Stall. An Heiligabend musste man dem Nissen Reisbrei und Bier servieren. Bekam er nichts, musste man sich in Acht nehmen!

Sankt Nikolaus war im 4. Jahrhundert Bischof in Myra. Nach zahlreichen Wundern und erlittenen Folterungen erklärte man ihn nach seinem Tod zum Schutzheiligen der Kinder und Seefahrer. In europäischen Klosterschulen feierte man Sankt Nikolaus seit dem ausgehenden Mittelalter an seinem Todestag, dem 6. Dezember, indem die Schüler ein kleines Geschenk erhielten. Dieser Brauch verbreitete sich von den Klosterschulen weiter ins Volk. Meist verkleidete sich dabei jemand mit roter Bischofsmütze, Stab und Robe und verteilte Geschenke.

Als im 17. und 18. Jahrhundert Niederländer in die USA immigrierten und auch ihren Sinterklaas mit an Bord hatten, verwandelte sich Sankt Nikolaus dort schließlich in Santa Claus. Bischofsmütze, Stab und Robe mussten abtreten und Santa Claus wurde mit einem Rentierschlitten ausgestattet. Der Weihnachtsmann, wie wir ihn heute kennen, wurde 1931 für eine Coca-Cola-Werbekampagne gezeichnet. Der dafür Modell stehende Mann trug angeblich hohe Stiefel, hatte einen riesigen Bart und weiße Pelzbesätze an Mütze und Mantel. Die rote Kleidung war von der Farbe der Bischofsmütze des Heiligen Nikolaus inspiriert.

Kiefernzapfenwichtel

Mit ihren weit ins Gesicht gezogenen Zipfelmützen frieren diese lustigen kleinen Wichtel aus Kiefernzapfen garantiert nicht. So ähnlich hat bestimmt auch der alte *fjøsnisse* ausgesehen. Meist war er zwar ein netter kleiner Geselle, doch gab es Streit mit den Leuten auf dem heimischen Hof, konnte er äußerst unangenehm werden.

Gemäß der Vorlage auf S. 211 eine Mütze aus altem Strick oder neuem dünnem Bastelfilz zuschneiden. Die Seitennaht mit einfachen Heftstichen oder einem Zierstich zusammennähen. Noch schneller geht es, wenn Sie den Heißkleber zücken und die Teile zusammenkleben. Die Mütze und zwei Holzperlen für die Augen an die Zapfen kleben. Wer will, kann noch etwas Zottelhaar in Form von Schafwolle unter die Mütze stecken.

AUFHÄNGUNG:
Bevor Sie die Mütze ankleben, rund um den Stielansatz des Zapfens einen Faden wickeln, diesen durch die Spitze der Mütze fädeln und die Mütze festkleben.

Basteln Sie am besten gleich eine ganze Wichtelparade und lassen Sie sie von Zweigen baumeln. Probieren Sie auch verschiedene Holzperlen für die Augen aus – so erzeugen Sie ganz unterschiedliche Gesichtsausdrücke.

Wollwichtel

Wichtel wie diese basteln bei uns in Norwegen viele Kindergartenkinder aus Filz. Wir haben sie aus alten Wollpullis gemacht und ihnen extralange Zipfelmützen verpasst. Wenn man viele verschiedene davon in einer Gruppe zusammenstellt, wirken sie fast lebendig.

Aus einem Wollpullover oder aus neuem dünnem Bastelfilz den Wichtel nach der Vorlage auf S. 211 zuschneiden. Die Seitennaht mit einfachen Heftstichen oder Zierstichen zusammennähen und den Wichtel mit Wolle füllen. Wir haben diese Wichtel ohne Boden gebastelt, denn sie stehen auch so gut. An die Mützenspitze noch ein kleines Glöckchen annähen und die Wichtel in eine lustige Form ziehen.

SABROSA
ORGANIC BANANAS
Fyffes
Bananas
Fyffes
Bananas
DN 82654
VOLVO
940

Gestrickte Wichtelmützen

Im Dezember ist es ganz lustig, die Ohren mit selbst gestrickten Wichtelmützen vor der Kälte zu schützen. Mit dickem Garn und dicker Nadel sind diese Mützen an nur einem Abend gestrickt.

Sie benötigen 100 g rotes Wollgarn, 2 kurze Rundstricknadeln 5,5 mm und 6,0 mm.
Größe: S/M

Auf der Nadel 5,5 mm 64 M anschl und ein 8 cm langes Bündchen im Rippenmuster str (2 M rechts, 2 M links im Wechsel). Auf die Nd 6,0 mm wechseln und glatt rechts weiterstr. Am Anfang und in der Mitte der 1. Rd 1 M zunehmen (= 66 M).
6 cm glatt rechts str.

ABNEHMEN:
* 9 rechte M str, 2 M rechts zusammen str. Ab * bis zum Ende der Rd wdh. 3 Rd glatt rechts str.
* 8 rechte M str, 2 M rechts zusammen str. Ab * bis zum Ende der Rd wdh. 3 Rd glatt rechts str.
Danach mit 1 M weniger zwischen den einzelnen Abnahmen weiterstr, bis Sie 4 M zwischen den Abnahmen haben.
* 4 rechte M str, 2 M rechts zusammen str. Ab * bis zum Ende der Rd wdh. 4 Runden glatt rechts str.
* 3 rechte M str, 2 M rechts zusammen str. Ab * bis zum Ende der Rd wdh. 4 Runden glatt rechts str.
* 2 rechte M str, 2 M rechts zusammen str. Ab * bis zum Ende der Rd wdh. 4 Runden glatt rechts str.
* 1 rechte M str, 2 M rechts zusammen str. Ab * bis zum Ende der Rd wdh. 4 Runden glatt rechts str.
* 2 rechte M str, 2 M rechts zusammen str. Ab * bis zum Ende der Rd wdh.

Den Faden abschneiden und durch die restlichen M auf der Nd ziehen.

Den Faden versäubern.

TIPP!
Nähen Sie noch einen Bommel an der Mützenspitze an, oder befestigen Sie ihn am Ende einer Häkelschnur.

Kokos-Schokoküsse

Diese Schokoküsse mit Kokos sind eine norwegische Spezialität, die Sie unbedingt probieren müssen! Sie sind innen wunderbar weich und haben außen eine feste Schale aus Schokolade und Kokos. Himmlisch!

10 Blatt Gelatine
7 Eiweiße, zimmerwarm
160 g feiner Zucker
1 TL Vanillezucker

180 g Kokosraspel

GLASUR:
300 g Blockschokolade
50 g Kokosfett

Die Gelatine in etwas kaltem Wasser einweichen, dann die Eiweiße steif schlagen. Nach und nach den Zucker hinzufügen und weiterschlagen, bis ein glänzender, fester Eischnee entstanden ist. Wenn Sie die Schüssel auf den Kopf stellen, darf der Eischnee nicht herausfallen! Die Gelatine ausdrücken und in einem Wasserbad schmelzen. Das Ganze leicht abkühlen lassen, damit sich keine Klümpchen bilden, wenn die Gelatine unter den Eischnee gerührt wird.

Die Gelatine unter ständigem kräftigem Rühren in einem dünnen Strahl in den Eischnee gießen. Ein paar Minuten weiterschlagen und die Masse dann in einen Spritzbeutel füllen. Nun die Kokosraspel auf einem Stück Backpapier verteilen (so kleben die Küsse nicht an) und beliebig große Häubchen aus Eischnee aufspritzen. Alles im Kühlschrank abkühlen lassen.

Die Schokolade und das Kokosfett schmelzen, glatt rühren und leicht abkühlen lassen. Die Häubchen in die Schokolade tunken oder mit Schokolade übergießen. Dann die Küsse in den Kokosraspeln wenden, abkühlen lassen und im Kühlschrank aufbewahren. Sie können die Schokoküsse auch einfrieren.

TIPP!
Beim Schlagen von Eischnee sollten die Schüssel und die Quirle sauber und fettfrei sein, sonst wird er nicht steif.

Lange bevor sich das Christentum verbreitete, gab es in Norwegen den Brauch, *juleøl* (Julbier) zu brauen. Um sicherzustellen, dass man gesunden Nachwuchs bekam und das anstehende Jahr glücklich verlief, musste jeder beim Julfest – der Wintersonnenwende – Bier trinken. König Håkon der Gute befahl daher allen Bauern, die etwas größere Höfe besaßen, ein Fass *juleøl* fürs Fest zu brauen. Wer nicht gehorchte, wurde bestraft. Glücklicherweise kann man heutzutage auch gesunde Kinder bekommen und das Jahr über Glück haben, wenn man zu Weihnachten mit alkoholfreiem Bier anstößt. Und bestraft wird man auch nicht mehr, wenn man lieber ein selbst gemachtes Ingwerbier genießt. Dieses Bier hier ist alkoholfrei, denn bei der Fermentation wird die Gärung gestoppt, bevor Alkohol entsteht. Wir haben eine helle Version kreiert, doch mit dunklem Rohrzucker entsteht ein Getränk, das optisch mehr einem Bier ähnelt.

Ingwerbier

Ergibt 3 l Ingwerbier

200 g heller Rohrzucker
2 EL geriebener Ingwer
Saft von 2 Zitronen
1 Messerspitze Trockenhefe
3 l Wasser

1 l Wasser mit dem Zucker, Ingwer und Zitronensaft zum Kochen bringen und ein paar Minuten köcheln lassen. Dann 1,5 l kaltes Wasser hinzufügen, die Trockenhefe einstreuen und alles einige Minuten ziehen lassen. Die Mischung auf zwei saubere 1,5 l-Kunststoffflaschen verteilen und bis ca. 5 cm unter dem Rand mit kaltem Wasser auffüllen. Andernfalls besteht, sobald das Ganze zu gären beginnt, die Gefahr, dass das Bier beim Öffnen aus der Flasche spritzt. Die Flaschen an einen warmen Ort stellen und 1–2 Tage stehen lassen, bis sie deutlich unter Spannung stehen (durch Eindrücken der Flasche mit der Hand prüfen) und sich Kohlensäure gebildet hat. Nicht zu lange stehen lassen, ansonsten kann es passieren, dass das Ingwerbier beim Öffnen wie ein geschüttelter Sekt aus der Flasche spritzt. Die Flaschen in den Kühlschrank stellen. Dort ist das Ingwerbier ein paar Tage haltbar.

Das Bier mit Eiswürfeln und Zitronenscheiben servieren.

TIPP!
Wenn Sie den Bodensatz unschön finden, können Sie ihn auch beim Einschenken aussieben. Alternativ die Mischung 24 Stunden im Topf stehen lassen und dann in die Flaschen abseihen. An heißen Sommertagen ist Ingwerbier mit ein paar Minzeblättern herrlich erfrischend.

Pfeffernüsse mit kandiertem Ingwer

Warum heißen Pfeffernüsse eigentlich Pfeffernüsse? Vermutlich liegt es daran, dass sie größenmäßig an Nüsse erinnern und ursprünglich ohne Triebmittel gebacken wurden. So waren sie am Ende oft hart wie Nüsse. Wir haben uns ein wenig von den deutschen Pfeffernüssen inspirieren lassen und sie mit einer dicken Puderzuckerschicht versehen – so wirken sie fast wie kleine Schneebälle! Der kandierte Ingwer im Teig verleiht den Pfeffernüssen ein wundervolles Aroma. Kinderhände sind zum Formen der kleinen Kugeln übrigens ganz prima geeignet!

250 g Butter, zimmerwarm
200 g brauner Zucker
140 g Honig
1 großes Ei
450 g Mehl
80 g gemahlene Mandeln
½ TL Pfeffer
2 TL Zimt
2 TL Ingwerpulver
1 TL gemahlener Kardamom
1 TL echtes Vanillepulver
½ TL Salz
1 TL Backpulver
3 TL frischer Zitronenabrieb
60 g kandierter Ingwer (siehe S. 190), fein gehackt

Für die Dekoration: 180 g Puderzucker

Die Butter, den Zucker und den Honig cremig rühren. Das Ei unterrühren, dann das Mehl, die Mandeln, die Gewürze, das Backpulver, den Zitronenabrieb und den kandierten Ingwer hinzufügen. Alles gut vermengen, zu einer Kugel formen, in Frischhaltefolie einwickeln und ein paar Stunden im Kühlschrank ruhen lassen.

Den Teig zu fingerdicken Schlangen formen und in 2 cm lange Stücke schneiden. Diese zu Kugeln formen und mit ca. 3 cm Abstand auf ein mit Backpapier ausgelegtes Backblech legen.

Die Pfeffernüsse im vorgeheizten Ofen bei 175 °C ca. 10 Minuten backen. Werfen Sie immer mal wieder ein Auge in den Ofen und passen Sie die Backzeit eventuell an. Die Pfeffernüsse auf dem Blech abkühlen lassen, bis sie lauwarm sind und dann in eine mit dem Puderzucker gefüllte Tüte füllen und gut durchschütteln. Die Pfeffernüsse anschließend auf einem Kuchengitter auskühlen lassen. In einem luftdicht verschließbaren Behälter lassen sie sich lange lagern.

TIPP!
Statt kandiertem Ingwer können Sie auch kandierte Chili, Zitrone oder Orange verwenden oder die kandierten Früchte komplett weglassen.

GROSSER STERN FÜR DRAUSSEN

Sie benötigen 6 Birkenäste (ca. 120 cm lang) und 6 Schrauben.

Löcher in die Äste bohren und den Stern mit kräftigen Schrauben zusammensetzen.

STERN FÜR DRINNEN

Sie benötigen 6 trockene Zweige (ca. 40 cm lang), 6 Schrauben und Holzleim.

Löcher in die Zweige bohren und den Stern mit den Schrauben und dem Holzleim zusammensetzen. Alternativ zwei Dreiecke mit einer Schnur zusammenbinden.

Sterne aus Ästen

Manchmal macht es Spaß, gewöhnliche Dinge überdimensioniert zu gestalten, wie zum Beispiel diesen Stern aus Birkenästen. Mit der folgenden Anleitung können Sie Sterne in jeder beliebigen Größe basteln.

Das kleine Mädchen mit den Schwefelhölzern

nach H.C. Andersen

Es war entsetzlich kalt; es schneite, und der Abend dunkelte bereits; es war der letzte Abend im Jahre, Silvesterabend. In dieser Kälte und in dieser Finsternis ging auf der Straße ein kleines armes Mädchen mit bloßem Kopfe und nackten Füßen, die vor Kälte ganz rot und blau waren. In ihrer alten Schürze trug sie eine Menge Schwefelhölzer und ein Bund hielt sie in der Hand. Während des ganzen Tages hatte ihr niemand etwas abgekauft, niemand ein Almosen gereicht. Hungrig und frostig schleppte sich die arme Kleine weiter und sah schon ganz verzagt und eingeschüchtert aus. Aus allen Fenstern strahlte heller Lichterglanz und über alle Straßen verbreitete sich der Geruch von köstlichem Gänsebraten. Es war ja Silvesterabend, und dieser Gedanke erfüllte alle Sinne des kleinen Mädchens.

In einem Winkel zwischen zwei Häusern, von denen das eine etwas weiter in die Straße vorsprang als das andere, kauerte es sich nieder. Seine kleinen Beinchen hatte es unter sich gezogen, aber es fror nur noch mehr und wagte es trotzdem nicht, nach Hause zu gehen, da es noch kein Schächtelchen mit Streichhölzern verkauft, noch keinen Heller erhalten hatte. Ach, wie gut musste ein Schwefelhölzchen tun! Wenn es nur wagen dürfte, eins aus dem Schächtelchen herauszunehmen, es gegen die Wand zu streichen und die Finger daran zu wärmen! Endlich zog das Kind eins heraus. Ritsch! Wie sprühte es, wie brannte es. Das Schwefelholz strahlte eine warme helle Flamme aus, wie ein kleines Licht, als es das Händchen um dasselbe hielt. Es war ein merkwürdiges Licht; es kam dem kleinen Mädchen vor, als säße es vor einem großen eisernen Ofen mit Messingbeschlägen und Messingverzierungen; das Feuer brannte so schön und wärmte so wohltuend! Die Kleine streckte schon die Füße aus, um auch diese zu wärmen – da erlosch die Flamme. Der Ofen verschwand – sie saß mit einem Stümpchen des ausgebrannten Schwefelholzes in der Hand da.

Ein neues wurde angestrichen, es brannte, es leuchtete, und an der Stelle der Mauer, auf welche der Schein fiel, wurde sie durchsichtig wie ein Flor. Die Kleine sah gerade in die Stube hinein, wo der Tisch mit einem blendend weißen Tischtuch und feinem Porzellan gedeckt stand, und köstlich dampfte die mit Pflaumen und Äpfeln gefüllte, gebratene Gans darauf. Und was noch herrlicher war, die Gans sprang aus der Schüssel und watschelte mit Gabel und Messer im Rücken über den Fußboden hin; gerade die Richtung auf das arme Mädchen schlug sie ein. Da erlosch das Schwefelholz, und nur die dicke kalte Mauer war zu sehen.

Sie zündete ein neues an. Da saß die Kleine unter dem herrlichsten Weihnachtsbaum. Tausende von Lichtern brannten auf den grünen Zweigen, und bunte Bilder, wie die, welche in den Ladenfenstern ausgestellt werden, schauten auf sie hernieder. Die Kleine streckte beide Hände nach ihnen in die Höhe – da erlosch das Schwefelholz. Die vielen Weihnachtslichter stiegen höher und höher, und sie sah jetzt erst, dass es die hellen Sterne waren. Einer von ihnen fiel herab und zog einen langen Feuerstreifen über den Himmel.

»Jetzt stirbt jemand!«, sagte die Kleine, denn die alte Großmutter, die sie allein freundlich behandelt hatte, jetzt aber längst tot war, hatte gesagt: »Wenn ein Stern fällt, steigt eine Seele zu Gott empor!«

Sie strich wieder ein Schwefelholz gegen die Mauer; es warf einen weiten Lichtschein ringsumher, und im Glanze desselben stand die alte Großmutter hell beleuchtet mild und freundlich da. »Großmutter!«, rief die Kleine, »oh, nimm mich mit dir! Ich weiß, dass du verschwindest, sobald das Schwefelholz ausgeht, verschwindest, wie der warme Kachelofen, der köstliche Gänsebraten und der große flimmernde Weihnachtsbaum!« Schnell strich sie den ganzen Rest der Schwefelhölzer an, die sich noch im Schächtelchen befanden, sie wollte die Großmutter festhalten; und die Schwefelhölzer verbreiteten einen solchen Glanz, dass es heller war als am lichten Tag. So schön, so groß war die Großmutter nie gewesen; sie nahm das kleine Mädchen auf ihren Arm, und hoch schwebten sie empor in Glanz und Freude; Kälte, Hunger und Angst wichen von ihm – sie war bei Gott.

Aber im Winkel am Hause saß in der kalten Morgenstunde das kleine Mädchen mit roten Wangen, mit einem Lächeln um den Mund – tot, erfroren am letzten Tage des alten Jahres. Der Morgen des neuen Jahres ging über der kleinen Leiche auf, die mit den Schwefelhölzern, wovon fast ein Schächtelchen verbrannt war, da saß. »Sie hat sich wärmen wollen!« sagte man. Niemand wusste, was sie Schönes gesehen hatte, in welchem Glanze sie mit der alten Großmutter zur Neujahrsfreude eingegangen war.

Schon seit Urzeiten backt man in Norwegen Hohlhippen und Goro mit speziellen Waffeleisen. Als es noch keinen Herd gab, waren die Eisen mit langen Griffen versehen, damit man sie problemlos über der Feuerstelle einsetzen konnte. Die Goro waren ursprünglich keine Weihnachtswaffeln, sondern wurden auf großen Festen und an Feiertagen wie Ostern serviert. Sie waren die Nachfolger der kirchlichen Oblaten, die ältesten Goro-Eisen sind daher mit religiösen Motiven verziert. Der Name Goro bedeutet so viel wie „wohlhabend", da sich die Zutaten für diese Waffeln nur reiche Menschen leisten konnten.

Goro - norwegische Waffeln

1 Ei
125 g Zucker
175 ml Sahne
325 g Butter
ca. 500 g Mehl
1 TL gemahlener Kardamom
1 TL Vanillezucker

Das Ei und den Zucker schaumig rühren. Danach die Sahne steif schlagen und unter die Eimasse heben. Die Butter mit dem Mehl und den Gewürzen vermengen und mit der Ei-Sahne-Masse verarbeiten.

Den Teig einige Stunden oder über Nacht im Kühlschrank ruhen lassen, dann auf einer bemehlten Arbeitsfläche dünn ausrollen. Schneiden Sie aus Pappe ein Stück aus, das mit der Größe der Waffelfläche identisch ist, legen Sie die Vorlage auf den Teig und schneiden Sie die Form rundum aus. Den Teig goldbraun backen, auf einem Kuchengitter abkühlen lassen und in einer Keksdose aufbewahren.

TIPP!
Sie können das Ausrollen und Backen in zwei Arbeitsschritte aufteilen. Zunächst den Teig ausrollen, zuschneiden und die Fladen mit Butterbrotpapier dazwischen im Kühlschrank aufbewahren. Die Waffeln anschließend nacheinander backen.

Knusperwaffeln

Diese köstlichen Knusperwaffeln sind für viele die ultimative Leckerei, die stets parat war, wenn jemand Lust auf etwas Süßes hatte oder getröstet werden musste. Für andere sind sie typisches Weihnachtsgebäck. Wir hatten diese Waffeln seit unserer Kindheit nicht mehr gegessen und ein altes Rezept ausgegraben. Beim Probieren war die Wiedersehensfreude groß! Ein klein wenig haben wir das altbewährte Rezept abgewandelt und noch etwas Vanille und Kardamom hinzugefügt. Lecker auch als Beilage zu Eis.

250 g Butter
4 Eier, getrennt
250 g Zucker
500 g Speisestärke, gesiebt
3 TL Backpulver
1 TL gemahlener Kardamom
1 TL Vanillezucker

Die Butter schmelzen und abkühlen lassen. Währenddessen die Eigelbe und den Zucker schaumig schlagen. Die Speisestärke, das Backpulver, den Kardamom und den Vanillezucker mischen und zusammen mit der geschmolzenen Butter unterrühren.

Die Eiweiße steif schlagen und vorsichtig unter den Teig heben. Einen gehäuften Esslöffel Teig mittig auf das Waffeleisen geben und goldbraun backen. Die Waffeln auf einem Kuchengitter abkühlen lassen und in einzelne Herzen reißen, bevor sie ganz ausgekühlt sind. Die Waffeln lassen sich gut in einer Keksdose aufbewahren.

TIPP!
Tauchen Sie die Spitzen der Waffelherzen doch einmal in geschmolzene Schokolade.

Norwegische Hohlhippen

Norwegische Hohlhippen haben immer wunderschöne Muster und sehen aus wie kleine Kunstwerke! Man backt den Teig in einer Art Waffeleisen und rollt ihn anschließend noch heiß zu einem Hörnchen. Hohlhippen gehören mit zu den ältesten Backwaren in Norwegen. Die Waffeleisen waren mit langen Griffen ausgestattet, sodass man sie problemlos über der Feuerstelle einsetzen konnte. Sie können die Hippen mit Sahne oder Eis füllen oder ungefüllt genießen.

150 g Butter
3 Eier
150 g Zucker
150 g Mehl
1–2 TL gemahlener Kardamom

Sollte der Teig zu fest sein, noch etwas Wasser hinzufügen.

Die Butter schmelzen und abkühlen lassen. Die Eier und den Zucker schaumig schlagen, dann das Mehl und den Kardamom unterrühren. Die geschmolzene Butter vorsichtig unterziehen und den Teig etwa 30 Minuten quellen lassen.

Das Hippeneisen vorheizen und einen gehäuften Esslöffel Teig hineingeben. Drücken Sie das Eisen gut zusammen, damit sich der Teig gleichmäßig verteilt. Vorsicht: Der Teig darf nicht zu dunkel werden, doch Übung macht den Meister. Die Hippe aus dem Eisen nehmen und sofort zu einem Hörnchen rollen. Abkühlen lassen und in einer Keksdose aufbewahren.

Sie können aus den Hippen auch Schalen formen, indem Sie den noch heißen Teig über ein umgedrehtes Glas legen. Man kann sie außerdem auch um einen Bleistift oder einen Stab rollen.

TIPP!
Wer ein altes Hippeneisen vom Flohmarkt besitzt, kann dieses ohne Bedenken einsetzen. Wir haben sowohl ein neues als auch ein altes getestet und festgestellt, dass die Hippen mit dem alten Eisen am schönsten werden. Das Muster zeichnet sich hier viel deutlicher ab.

Mandelkekse mit Aprikosen

Dieses Rezept haben wir von Tori bekommen, die es von ihrer Mutter hat, die es wiederum von Heddi hat … und von wem diese es hat, wissen wir leider nicht. Die Kekse sind herrlich zäh und schmecken köstlich zu einer Tasse Tee.

400 g ganze Mandeln, 200 g blanchiert
400 g Zucker
20 getrocknete Aprikosen, klein geschnitten
3 Eiweiße
65 blanchierte Mandeln zum Dekorieren

Die Mandeln, den Zucker und die Aprikosen in der Küchenmaschine zu einer feinen Masse zerkleinern. Die Eiweiße hinzufügen und alles zu einem Teig verrühren. Den Teig zu kleinen, walnussgroßen Kugeln formen und auf ein mit Backpapier ausgelegtes Backblech legen. Dann die Kugeln mit einer Mandel leicht flach drücken.

Das Blech 3–4 Stunden in den Kühlschrank stellen, damit die Kekse beim Backen besser die Form halten (sie werden auch gut, wenn Sie diesen Schritt auslassen).

Die Kekse 12–15 Minuten auf mittlerer Schiene im vorgeheizten Ofen bei 175°C goldgelb backen. Die Plätzchen auf einem Kuchengitter abkühlen lassen und in einem luftdicht verschließbaren Behälter aufbewahren.

Vørterbrød - Malzbierbrot

Früher, als nur die feinen Damen in der Stadt einen modernen Backofen besaßen, in dem man Kekse backen konnte, mussten sich die Norweger auf dem Land zu Weihnachten mit einem Malzbierbrot begnügen. Dieses wurde aus dem vom Bierbrauen übrig gebliebenen Malz gebacken. Den Teig am besten abends ansetzen und über Nacht in den Kühlschrank stellen. Dann braucht man ihn morgens nur noch zu backen.

1 Flasche Malzbier
300 ml Milch
50 g Hefe
1 TL Salz
1 TL gemahlener Anis
1 TL gemahlener Pfeffer
1/2 TL gemahlene Gewürznelke
200 g Zuckerrübensirup
500 g Roggenmehl
500 g Weizenmehl
120 g Rosinen

1 verquirltes Ei zum Bestreichen

Das Malzbier und die Milch in einem Topf lauwarm erhitzen. Die Hefe darin auflösen oder die Trockenhefe unter das Mehl mischen. Die Gewürze, den Sirup und das Mehl unterrühren, dann die Rosinen unterkneten.

Den Teig etwa 1 Stunde an einem warmen Ort gehen lassen. Anschließend 2 große oder 3 kleine runde Laibe formen und den Teig weitere 40 Minuten gehen lassen. Dann alles mit dem Ei bestreichen.

Die Laibe 30 Minuten im vorgeheizten Ofen bei 180 °C backen. Die Brote gegen Ende eventuell mit Backpapier abdecken, damit sie nicht zu dunkel werden. Mit einem Geschirrtuch abgedeckt auf einem Kuchengitter abkühlen lassen.

Das Brot frisch gebacken mit Butter, norwegischem Braunkäse oder Konfitüre genießen.

Gebrannte Mandeln

Viele sagen, dass selbst gemachte gebrannte Mandeln nicht so schön werden wie gekaufte. Dabei ist das nur eine Frage der Geduld. Sobald das Wasser verkocht ist und die Mandeln vom Zucker umzogen sind, muss man nämlich weiterrühren, bis der Zucker ganz geschmolzen ist und sich glänzend um die Mandeln gelegt hat. Vorsicht nur, dass sie nicht verbrennen!

250 g ganze Mandeln
60 g Zucker
100 ml Wasser
1 TL Butter

Das Wasser mit den Mandeln und dem Zucker in einem gusseisernen Topf aufkochen. Dabei mit einem an der Unterseite flachen Holzlöffel umrühren, damit nichts am Topfboden anhaftet. Sobald das Wasser verkocht ist, legt sich der Zucker wie eine noppige Schicht um die Mandeln. Weiterrühren und die Temperatur gegebenenfalls senken. Der Zucker schmilzt nun nach und nach und legt sich in einer glänzenden Schicht um die Mandeln. Wenn der Zucker geschmolzen ist, 1 TL Butter unterrühren. Die Mandeln auf ein mit Backpapier ausgelegtes Backblech legen, verteilen und aushärten lassen. In einem Schraubglas aufbewahren.

Knusperschokolade

Diese knusprigen Happen sind ganz leicht herzustellen. Einfach ein paar Tafeln Schokolade schmelzen und weitere Zutaten zugeben, die in Kombination mit Schokolade gut schmecken. Rühren Sie so viel unter, wie Sie möchten, es sollten nur alle Einzelteile von Schokolade umzogen sein. Wir haben Cashewkerne, Gojibeeren sowie Ingwer, Chili und Zitronenschale in kandierter Form (siehe S. 190/191) verwendet.

Die Masse mit einem Teigspatel auf einem mit Backpapier ausgelegten Backblech verstreichen und mit ein paar zerbröselten Meersalzflocken bestreuen. Die Schokolade aushärten lassen und in mundgerechte Stücke schneiden oder brechen.

TIPP!
Wer es scharf mag, kann 1 TL Chilipulver mit dem Salz in das Wasser geben und aufkochen.

Salzmandeln

250 g ganze Mandeln
3 EL Salz
½ l Wasser
1 EL Butter, nach Belieben

Das Wasser mit den Mandeln und dem Salz in einem Topf aufkochen und 5 Minuten leicht köcheln lassen. Dann das Wasser abseihen und die Mandeln auf einem Backblech verteilen. Nach Belieben noch 1 EL Butter untermengen. Die Mandeln im vorgeheizten Backofen bei 125 °C backen, bis sie trocken und knusprig sind. Das kann bis zu zwei Stunden dauern. Zwischendurch immer wieder eine Mandel probieren.

Kandierter Ingwer

Beim Kandieren werden Früchte mit einer Zuckerlösung umzogen oder längere Zeit darin eingelegt. Zitronat oder Orangeat zum Beispiel sind kandierte Zitrusschalen. Kandierter Ingwer ist eine ganz besondere Köstlichkeit, die zugleich süß und scharf ist und perfekt zu Weihnachten passt. Lecker als Kuchen- oder Schokoladenzutat!

Wählen Sie frische Ingwerknollen aus, die schön fest und knackig wirken. Wir haben hier gleich mehrere Knollen verarbeitet. Sie benötigen frischen Ingwer, Zucker und Wasser.

Den Ingwer schälen, in gleichmäßig große Streifen schneiden und abwiegen. Bei 300 g Ingwer kochen Sie beispielsweise 300 g Zucker und 300 ml Wasser in einem kleinen Topf auf usw. Den Ingwer hineingeben und köcheln lassen, bis die Flüssigkeit zu einem Sirup eingekocht und der Ingwer leicht durchsichtig ist. Das braucht seine Zeit, eventuell sogar ein paar Stunden. Passen Sie am Ende auf, dass das Ganze nicht anbrennt. Den Sirup abseihen und aufbewahren. Er schmeckt zum Beispiel köstlich zu Eiscreme. Sie können ihn auch mit Mineralwasser zu einem leckeren Erfrischungsgetränk mischen.

Die Ingwerstücke auf einem mit Backpapier ausgelegten Backblech ein paar Stunden trocknen lassen und anschließend in Zucker wälzen.

Trüffel mit kandierter Chili

Durch die kandierten Chilischoten werden diese köstlichen Trüffel zu einem Augen- und Gaumenschmaus. Wenn Sie sie servieren, werden sie garantiert viele neugierige Blicke auf sich ziehen. Das Beste aber ist: Das Kandieren von Chilis ist kinderleicht! Probieren Sie auch einmal die Variante mit kandiertem Ingwer … mhmmm! Zum Dahinschmelzen!

300 g Sahne
300 g Zartbitterschokolade, grob gehackt
50 g Butter
1 TL Vanillepulver
1 Prise Meersalzflocken
1 TL Chilipulver (Chilipulver variiert stark in der Schärfe – Ihr Geschmack zählt!)
2 EL kandierte Chili (oder mehr), fein gehackt

ungesüßtes Kakaopulver zum Wälzen, eventuell noch ½ TL Chilipulver und ½ TL Vanillepulver untermischen

Dekoration: kandierte Chiliringe

Die Sahne aufkochen, den Topf vom Herd nehmen und die Schokolade und die Butter hineingeben. Das Ganze stehen lassen, bis beides geschmolzen ist. Die Mischung ein wenig auskühlen lassen, dann Vanille, Salz und Chilipulver hinzufügen. Im Kühlschrank abkühlen lassen.

Die Masse mit zwei Teelöffeln zu Trüffeln formen und auf ein mit Backpapier ausgelegtes Backblech legen.

Die Trüffel in Kakao wälzen und im Kühlschrank aufbewahren oder einfrieren. Zum Servieren auf eine Schale legen und mit kandierten Chiliringen dekorieren.

TIPP!
Aromatisieren Sie die Trüffelmasse noch mit dem Sirup, der vom Kandieren der Chilis übrig geblieben ist.

Kandierte Chilis

160 g Zucker
200 ml Wasser
3 große rote Chilis, entkernt und in Ringe geschnitten

Das Wasser mit dem Zucker aufkochen und ein paar Minuten köcheln lassen. Die Chiliringe hinzufügen und alles weitere 30 Minuten köcheln lassen. Die Chilis im Sirup abkühlen lassen, gerne über Nacht. Dann die Chiliringe abseihen, gut abtropfen und auf einem Stück Backpapier ein paar Stunden trocknen lassen. In einem luftdicht verschließbaren Behälter lagern.

TIPP!
Den Sirup aufbewahren und gegebenenfalls weiter einkochen. Schmeckt köstlich zu Eiscreme.

Indianersterne

In norwegischen Kindergärten basteln viele Kinder aus zwei über Kreuz gelegten Stöcken und bunten Fäden hübsche Sterne. Wir haben noch einen weiteren Stock hinzugefügt und schlichte Sterne aus hellem Wollgarn gebastelt. Besonders schön wirken sie vor einer rauen Hausfassade, sie sehen aber auch mit ein paar Perlen ganz bezaubernd aus.

Sie benötigen Wollgarn, ca. 10 cm lange Stöcke und ein kleines Stück Metalldraht.

Jeden Stock in der Mitte durchbohren und die Stöcke kreuzförmig übereinanderlegen. Dann den Metalldraht durch die Löcher fädeln und gut verzwirbeln.

Mit dem Aufwickeln des Wollgarns in der Mitte an einem Stock beginnen. Den Faden einmal um diesen Stock wickeln, dann zum nächsten Stock weiterführen, auch diesen einmal umwickeln und so fortfahren, bis die erste Runde abgeschlossen ist. Auf diese Weise den Stern einkleiden, bis er die gewünschte Größe erreicht hat.

Abschließend den Faden an einem Stock verknoten und das Fadenende als Aufhänger nutzen.

Stern aus Fadengrafik

Hier sehen Sie eine ganz simple, aber sehr dekorative Sternvariante auf einem Treibholzbrett mit alten Nägeln und einem hellen Wollfaden.

Sie benötigen ein Holzbrett mit ordentlich Patina, einen Papierstern, fünf alte Nägel, helles Wollgarn und dünnen Stahldraht für die Aufhängung.

Ein Holzbrett zurechtsägen (ca. 10 cm x 18 cm) und alle Kanten mit Schleifpapier abschmirgeln. Dann aus Papier eine Vorlage in Sternform ausschneiden. Die Vorlage auf das Brett legen und die Spitzen der Sterne jeweils mit einem Punkt markieren. Dort kleine Löcher bohren und die Nägel einschlagen. Das Garn so um die Nägel wickeln, dass ein Stern entsteht. Zum Schluss mit einem Tacker an der Holzrückseite einen Aufhänger aus Strahldraht befestigen.

Die Weihnachtskrippe

Die Weihnachtskrippe ist eine der ältesten Weihnachtstraditionen und geht auf Franz von Assisi zurück. Dieser hatte 1223, als er in der italienischen Stadt Greccio wohnte, erstmals die Weihnachtsgeschichte mit Menschen und lebenden Tieren in einer Höhle für Publikum nachgestellt.

In ihrer einfachsten Form besteht eine Weihnachtskrippe aus dem Jesuskind, Maria und Josef sowie den heiligen drei Königen, Hirten, Engeln und Tieren. Manche stellen in der Adventszeit die gesamte Krippe auf, andere fügen Tag für Tag ein neues Detail hinzu, bis an Heiligabend schließlich das Jesuskind dazukommt.

David's selbst geschnitzte Krippe

Haben Sie Vertrauen und lassen Sie Ihr Kind ruhig mit einfachen Werkzeugen hantieren! David hat diese Krippe mithilfe seines Großvaters aus vier Holzklötzen geschnitzt. Rustikal und richtig bezaubernd! Wie man sieht, sind auch Maria und Josef sehr glücklich über das Ergebnis!

Verwendetes Werkzeug: Handsäge, Handstichsäge, Schnitzmesser, Schraubzwingen, Beitel, Hammer und Handbohrer.

Sägen Sie Josef und Maria freihand aus einem Holzklotz aus. Dann für die Augen und den Mund mit einem Handbohrer Löcher einbohren.

Beim Jesuskind für die Ausarbeitung der Details eine Handstichsäge benutzen. Befestigen Sie die Figur dazu mit Zwingen an einem Tisch. Die Krippe ebenfalls mit Zwingen fixieren und mit einem Beitel aushöhlen. Zuvor die auszuhöhlende Stelle mit einem Bleistift markieren.

Geschnitzte Wichtel

Als Basis für die Wichtel haben wir alte, etwas knorrige Wacholderäste verwendet. Zunächst mit einem etwa 30 cm langen Ast beginnen und an beiden Enden einen Kopf mit Zipfelmütze schnitzen. Ein längeres Stück lässt sich leichter bearbeiten als ein kurzes. Wenn die Köpfe fertig sind, den Ast in der Mitte so teilen, dass zwei unterschiedlich große Figuren entstehen. Auf dieselbe Weise noch zwei Figuren herstellen. Kinder können hier gut helfen, uns hat der zwölfjährige David assistiert. Wer möchte, kann die Figuren noch mit Schleifpapier glatt schmirgeln.

Jesu Geburt

Es begab sich aber zu der Zeit, dass ein Gebot von dem Kaiser Augustus ausging, dass alle Welt geschätzt würde. Und diese Schätzung war die allererste und geschah zur Zeit, da Quirinius Statthalter in Syrien war. Und jedermann ging, dass er sich schätzen ließe, ein jeder in seine Stadt. Da machte sich auf auch Josef aus Galiläa, aus der Stadt Nazareth, in das jüdische Land zur Stadt Davids, die da heißt Bethlehem, weil er aus dem Hause und Geschlechte Davids war, damit er sich schätzen ließe mit Maria, seinem vertrauten Weibe; die war schwanger. Und als sie dort waren, kam die Zeit, dass sie gebären sollte. Und sie gebar ihren ersten Sohn und wickelte ihn in Windeln und legte ihn in eine Krippe; denn sie hatten sonst keinen Raum in der Herberge. Und es waren Hirten in derselben Gegend auf dem Felde bei den Hürden, die hüteten des Nachts ihre Herde. Und der Engel des Herrn trat zu ihnen, und die Klarheit des Herrn leuchtete um sie; und sie fürchteten sich sehr. Und der Engel sprach zu ihnen: Fürchtet euch nicht! Siehe, ich verkündige euch große Freude, die allem Volk widerfahren wird; denn euch ist heute der Heiland geboren, welcher ist Christus, der Herr, in der Stadt Davids. Und das habt zum Zeichen: Ihr werdet finden das Kind in Windeln gewickelt und in einer Krippe liegen. Und alsbald war da bei dem Engel die Menge der himmlischen Heerscharen, die lobten Gott und sprachen:

Ehre sei Gott in der Höhe und Friede auf Erden bei den Menschen seines Wohlgefallens.

Und als die Engel von ihnen gen Himmel fuhren, sprachen die Hirten untereinander: Lasst uns nun gehen nach Bethlehem und die Geschichte sehen, die da geschehen ist, die uns der Herr kundgetan hat. Und sie kamen eilend und fanden beide, Maria und Josef, dazu das Kind in der Krippe liegen. Als sie es aber gesehen hatten, breiteten sie das Wort aus, das zu ihnen von diesem Kinde gesagt war. Und alle, vor die es kam, wunderten sich über das, was ihnen die Hirten gesagt hatten. Maria aber behielt alle diese Worte und bewegte sie in ihrem Herzen. Und die Hirten kehrten wieder um, priesen und lobten Gott für alles, was sie gehört und gesehen hatten, wie denn zu ihnen gesagt war.

Weihnachten in der Nussschale

Die Hälfte einer Walnussschale mit dem Heißkleber auf eine Holzplatte kleben. Eine Holzperle auf ein Stück Metalldraht fädeln und die Drahtenden miteinander verzwirbeln. Die Holzperle fungiert als Kopf, der Draht als Skelett des Jesuskindes. Nun einen silbernen Metalldraht durch die Perle fädeln und an dessen Ende einen kleinen Stern aus Papier oder Stoff befestigen. Das Skelett mit einem Leinenstoffstreifen umhüllen und mit einem Leinenfaden umwickeln. Das Ganze eventuell mit Heißkleber befestigen. In die Nussschale ein wenig Heu kleben, dann das Jesuskind fixieren. Zum Schluss den Stern am Draht in die richtige Position biegen.

Diese süße kleine Krippe erinnert einen an das, wofür Weihnachten eigentlich steht: die Geburt des Jesuskindes. Schon seit Jahren wird sie in Norwegen von vielen Weihnachtswerkstätten gebastelt und auf Weihnachtsmärkten verkauft. Die Idee mit dem Stern haben wir von unserer Freundin Ann-Elisabeth. Das Ganze wurde so süß, dass wir es Ihnen einfach vorstellen mussten!

In Norwegen ist für viele das Frühstück am ersten Weihnachtstag genauso wichtig wie das Essen an Heiligabend. Hier werden typisch norwegische Backwaren serviert.

Knusprige Vollkornfladenbrote

1 l Wasser
1 TL Salz
½ Tasse Grieß
1 l Weizenvollkornmehl

Neben diesen Zutaten benötigen Sie des Weiteren noch eine Mischung aus den Mehlsorten, die Sie gerade im Haus haben. Beispielsweise eine Mischung aus Roggen-, Vollkornroggen-, Weizen- und Vollkornweizenmehl.

Das Wasser mit dem Salz und dem Grieß in einem Topf aufkochen, mit dem Mehl in einer Schüssel vermengen und abkühlen lassen. Nun von der Mehlmischung so viel hinzufügen, bis ein Teig entstanden ist, der sich gut ausrollen lässt. Den Teig in kleine Stücke teilen und auf einer mit der Mehlmischung bemehlten Arbeitsfläche zu 1–2 mm dicken Fladen ausrollen. Die Fladen bei mittlerer Hitze in einer Pfanne oder auf einer Bratfläche backen. Das Brot trocken aufbewahren.

Kekse mit Cremefüllung

Das Rezept für diese Kekse stammt aus einem Kochbuch aus dem Jahr 1929, das sich in Norwegen bis heute ganze 116.000 Mal verkauft hat. Das Buch verzichtet auf Bilder und Illustrationen, enthält aber alles, was eine gute Hausfrau wissen muss. Diese Kekse sind eine wahrhaft süße Versuchung.

250 g Butter
150 g Zucker
2 Eier
4 EL Sahne
500 g Mehl
1 TL Hirschhornsalz
1 TL Vanillezucker

CREME:
250 g Kokosfett
250 g Puderzucker
nach Belieben ein paar Tropfen Zitronen- oder Rumaroma
Wer möchte, kann auch ein paar Tropfen Lebensmittelfarbe hinzufügen.

Die Butter und den Zucker cremig rühren. Nach und nach die Eier hinzugeben, gefolgt von der Sahne und den trockenen Zutaten.

Den Teig wenn möglich über Nacht im Kühlschrank ruhen lassen, dann dünn ausrollen und die Kekse in einer Form nach Wunsch ausstechen.

Die Kekse im vorgeheizten Ofen bei 175 °C 8–10 Minuten goldbraun backen. Vorsicht, sie verbrennen leicht! Die Plätzchen auf einem Kuchengitter abkühlen lassen.

CREME:
Das Kokosfett schmelzen und abkühlen lassen. Den Puderzucker hinzufügen und alles zu einer glatten Creme verrühren. Die Creme sollte fest und gut streichbar sein, damit sie auf den Keksen nicht zerläuft.

Etwas Creme auf die Unterseite eines Kekses streichen und einen zweiten daraufsetzen.

Sigruns Haferkekse

Diese Kekse stehen am ersten Weihnachtstag stets bei unserer Freundin Sigrun auf dem Tisch und sie schmecken wunderbar mit Butter, Braunkäse und zu einer Tasse Tee. Das Rezept ist recht ergiebig, halbieren Sie bei Bedarf also die Menge.

200 g Weizenkörner
300 g Butter
600 ml Milch
600 g Haferflocken
200 g Weizenvollkornmehl
1 kg Weizenmehl sowie ein wenig Mehl zum Ausrollen
300 g Zucker
6 EL Hirschhornsalz

Die Weizenkörner über Nacht in Wasser einweichen, dann abgießen.

Die Butter schmelzen und mit der Milch unter die Haferflocken und das Mehl rühren. Die Mischung 15 Minuten quellen lassen, die restlichen Zutaten hinzufügen und alles zu einem festen Teig verarbeiten. Nun den Teig etwa 2 mm dick ausrollen und mit einem Teig- oder Pizzarad rechteckige Kekse ausschneiden.

Die Kekse auf einem mit Backpapier ausgelegten Backblech 10–12 Minuten im vorgeheizten Ofen bei 200 °C knusprig, aber nicht zu dunkel backen. Auf einem Kuchengitter abkühlen lassen und in einem luftdicht verschließbaren Behälter aufbewahren.

Dravle aus Vesterlandet

Dravle ist eine Milchspeise, in der sich die Milch durch Kochen und die Zugabe von Säure in Käse und Molke trennt. Je nachdem, wie lange man die Milch einkocht, wird das klumpige Ergebnis weiß oder braun. Dravle wird in Suppentellern und als Festessen serviert. Unser Dravle ist eine etwas festere Variante, die man gut zu den norwegischen Lefse-Broten oder anderen Backwaren essen kann.

200 ml Wasser
100 g Kandiszucker
5 l Vollmilch
1 l Buttermilch
6 Eier
zum Andicken: 5 gehäufte EL Mehl

Das Wasser mit dem Kandiszucker kochen, bis der Zucker geschmolzen ist. Die Milch hinzufügen und unter ständigem Rühren erneut aufkochen. Dann das Gemisch 2–3 Stunden köcheln lassen, bis die Milch goldgelb geworden ist.

Die Buttermilch und die Eier verquirlen und in einem dünnen Strahl in die köchelnde Milch gießen. Sobald die Milch geronnen ist, nicht mehr rühren, sonst wird die Käsemasse zerstört. Bei geringer Hitze 5–6 Stunden ohne Deckel weiterköcheln. Als Nächstes 300–400 ml der Flüssigkeit abnehmen, abkühlen lassen und mit dem Mehl glatt rühren. Diese Mischung vorsichtig in das köchelnde Dravle gießen, dabei zum Verteilen nur leicht am Topf rütteln, nicht rühren! Weitere 10–15 Minuten köcheln und dann abkühlen lassen.

Das Dravle kalt mit Lefse-Brot, Rosinenbrot oder anderen Backwaren essen. Im Kühlschrank aufbewahren.

Krotaschnitten

Krotaschnitten sind dünne süße Fladenbrote mit Buttercremefüllung. Sie stammen aus der Region Hardanger, sind aber im ganzen Vesterlandet beliebt. Durch einen Teigroller mit Noppenstruktur werden sie mit einem hübschen Muster versehen – und das nicht nur zur Zierde, sondern damit die Fladen gleichmäßiger aufgehen. Köstlich als kleiner Snack auf der Kuchentafel.

125 g Butter
250 ml Milch
2 Eier
4 EL Zucker
6 TL Backpulver
ca. 550 g Mehl

BUTTERCREME:
350 g Butter
300 g Puderzucker
50 g Sahne

Die Butter schmelzen und die Milch hineingießen. Die Eier und den Zucker schaumig schlagen und mit der Milchmischung unter die trockenen Zutaten rühren. Den Teig in 10–12 Stücke teilen und auf einer gut bemehlten Arbeitsfläche zu 2 mm dicken Fladen rollen (passend zur Größe der Pfanne). Abschließend mit einem genoppten Teigroller über eine Seite der Fladen rollen. Die Fladen kurz bei hoher Hitze beidseitig in einer Pfanne backen, bis sie an der Oberfläche kleine braune Punkte bekommen haben, ansonsten aber noch hell sind. Die fertigen Fladen zwischen feuchte Geschirrtücher legen, sonst werden sie zu trocken und zerkrümeln leicht.

Den Puderzucker, die Butter und die Sahne glatt rühren. Die Fladen mit der Buttercreme bestreichen, aufeinanderlegen und in Schnitten schneiden. Mit Butterbrotpapier zwischen den einzelnen Schnitten können sie auch gut eingefroren werden.

TIPP!
Der Teig lässt sich leichter bearbeiten, wenn Sie ihn mit Weizenmehl bestäubt auf einem in der gewünschten Größe zugeschnittenen Stück Backpapier bis zum Rand ausrollen.

Aniskringel

100 g Butter
350 ml Milch
50 g Hefe
500 g Mehl
2 TL ganze Aniskörner
1 TL gemahlener Anis
1 TL gemahlener Kardamom
100 g Zucker
1 Ei

Die Butter schmelzen, die Milch eingießen und die Hefe darin auflösen. Dann alle trockenen Zutaten unterrühren. Den Teig gehen lassen, in 32 Stücke teilen und jedes Stück zu einem Kringel formen. Alles nochmals 40 Minuten gehen lassen, dann mit einem verquirlten Ei bestreichen. Bei 225 °C im vorgeheizten Ofen 8–10 Minuten backen und abkühlen lassen.

Zur Inspiration

SCHALE AUS KIEFERNZAPFEN
Wer ausreichend Kiefernzapfen, Stahldraht und Geduld besitzt, kann sich von dieser schönen Schale aus Kiefernzapfen von Mari Sandvær Kreken inspirieren lassen.

GLÜHBIRNEN-ENGEL
Die norwegische Firma PåGløtt stellt diese süßen Engel aus Glühbirnen und Stahldraht mithilfe von Lötkolben her.

Weihnachten im Schnelldurchlauf

Großputz im ganzen Haus, für *pinnekjøtt* die Buchenholzstäbe kaufen und das Fleisch am Tag vor Heiligabend in Wasser einlegen (sonst gibt es eine Krise), den Weihnachtskabeljau bestellen, den Truthahn füllen, die Schweinerippchen müssen knusprig werden, die Presswurst pressen, Unmengen an Weihnachtsplätzchen und superdünne Lefse-Brote backen, die Fladenbrote müssen knusprig werden, den Adventskalender basteln und füllen (er muss schöner werden als der von den Nachbarn), Pfefferkuchen backen, das Pfefferkuchenhaus bauen, die Finger nochmals am heißen Zucker verbrennen (das lerne ich wohl nie), die Glasur ist zu flüssig, trocknet nicht und alles wird nur Matsche, Adventskranz aufstellen, eine Kerze anzünden, noch mehr Kerzen anzünden, Hippen formen (die Kinder helfen), die Löckchen im Geschenkband wollen sich nicht so schön kräuseln, wie ich es will, ich verschreibe mich auf der Weihnachtskarte, doch das war die letzte, die ich hatte, den Weihnachtsbaum im Wald fällen oder in der Stadt kaufen, Weihnachtsshopping mit Tunnelblick, ewig lange Wunschzettel mit realistischen und unrealistischen Wünschen abarbeiten, nein, auch dieses Jahr gibt es keinen Motorschlitten für dich, die Weihnachtsstrümpfe füllen, oder nein, das macht ja der Nisse, „Drei Haselnüsse für Aschenbrödel" schauen (genauso schön wie immer), Weihnachtsgeschichten lesen, die Mandel im Reisbrei verstecken (auch dieses Jahr hat sie wieder unser Nesthäkchen gefunden – natürlich ganz zufällig – und dafür ein Marzipanschwein kassiert), der Knabenchor „Sølvguttene" singt im Fernsehen Weihnachtslieder (unglaublich, wie klar ihre Stimmen klingen), der Krustenbraten ist schön knusprig, das *pinnekjøtt* fällt nur so vom Knochen, Moltebeercreme und Reiscreme essen, die Kinder drehen durch und kriegen Fieber, das unendliche Warten auf die Geschenke, wunderschönes Geschenkpapier, ein Geschenk hat ein Loch, aber das war nicht meine Schuld, wundervolle Weihnachtsgeschenke, Geschenke, die man nicht umtauschen kann, Geschenke, die man sich schon lange gewünscht hat… und dann ist Weihnachten vorbei!

fyffes
fyffes

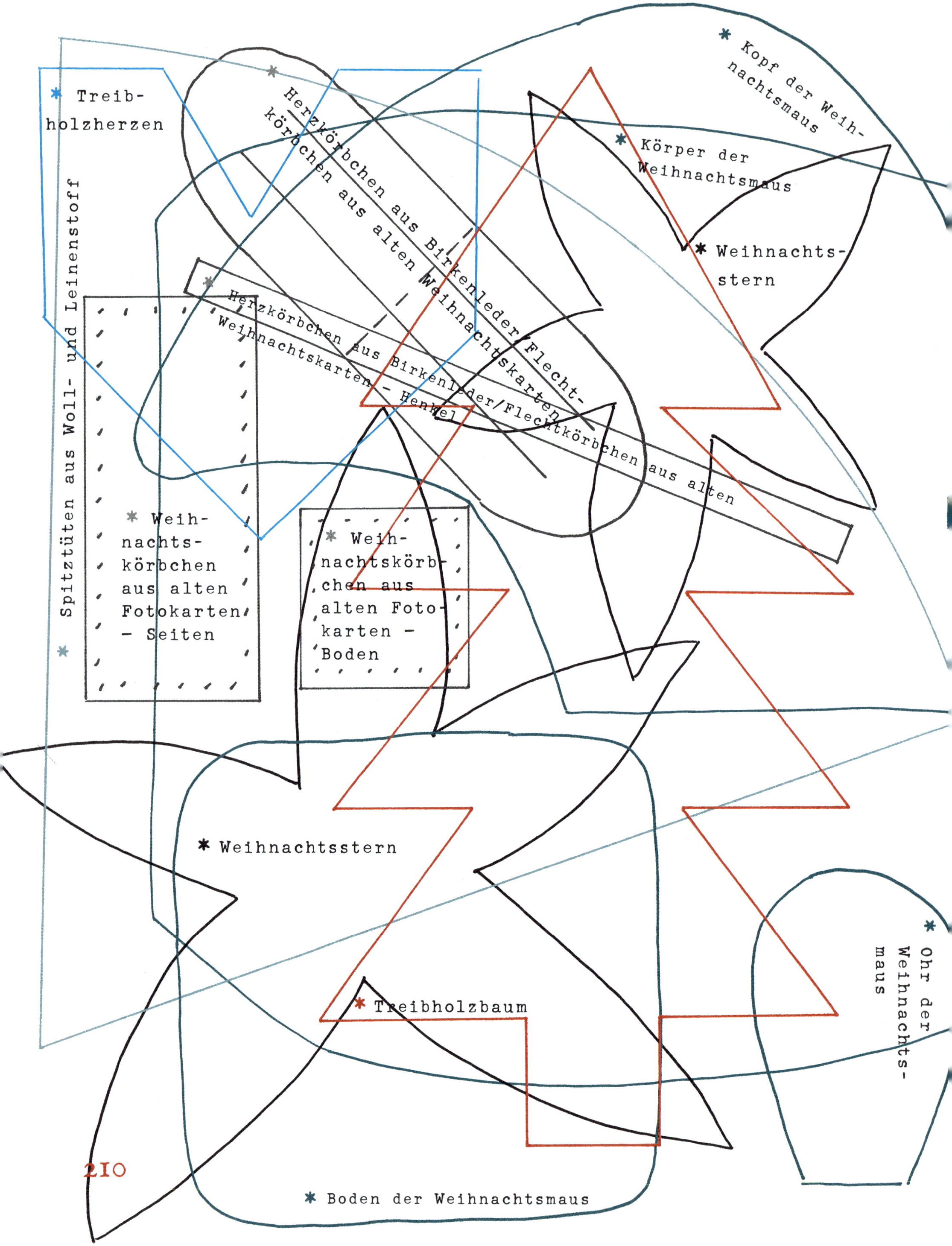
* Treibholzherzen
* Spitztüten aus Woll- und Leinenstoff
* Herzkörbchen aus Birkenleder/Flechtkörbchen aus alten Weihnachtskarten
* Herzkörbchen aus Birkenleder/Flechtkörbchen aus alten Weihnachtskarten – Henkel
* Weihnachtskörbchen aus alten Fotokarten – Seiten
* Weihnachtskörbchen aus alten Fotokarten – Boden
* Kopf der Weihnachtsmaus
* Körper der Weihnachtsmaus
* Weihnachtsstern
* Weihnachtsstern
* Treibholzbaum
* Boden der Weihnachtsmaus
* Ohr der Weihnachtsmaus

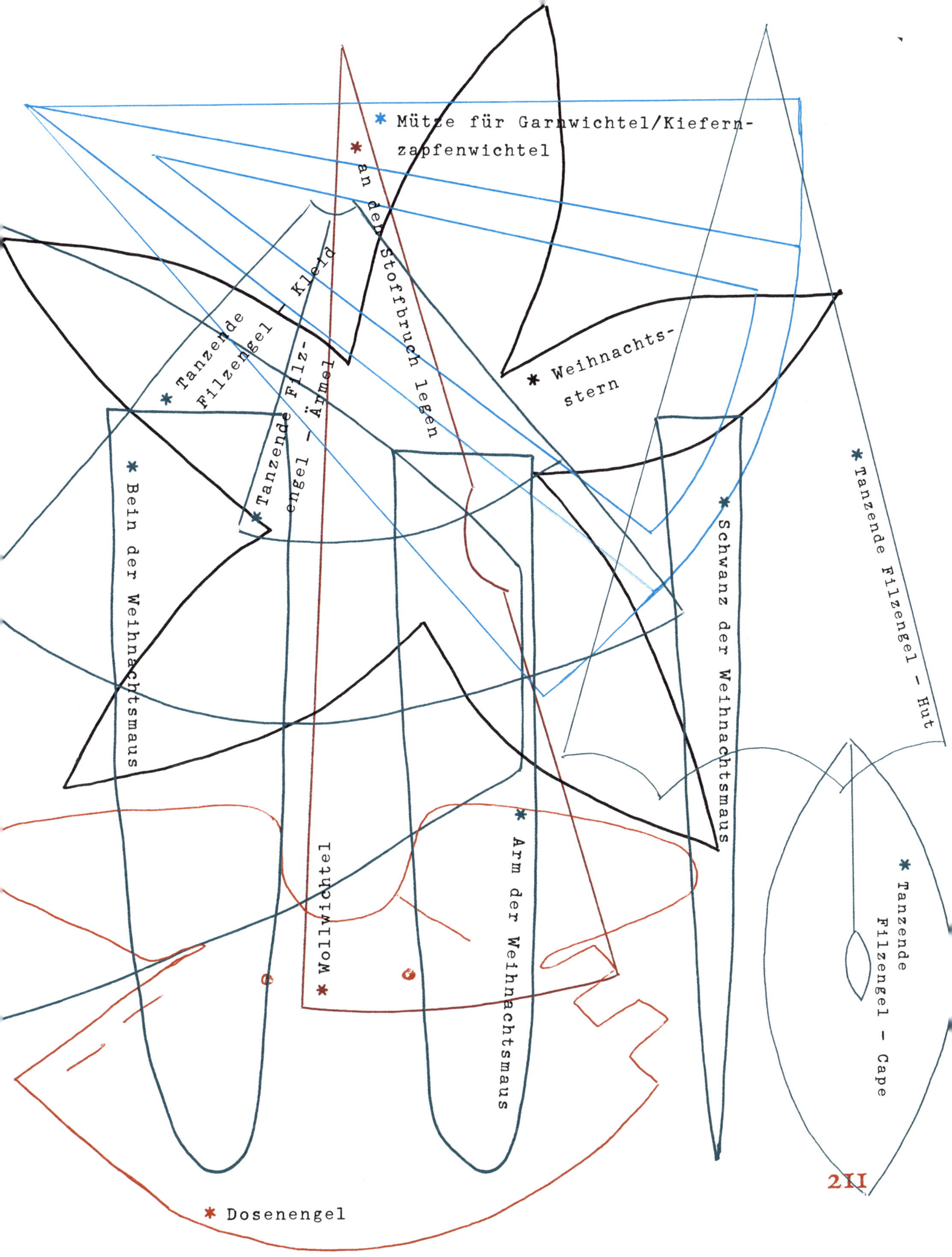

* Mütze für Garnwichtel/Kiefernzapfenwichtel
* an den Stoffbruch legen
* Tanzende Filzengel
Kleid
* Tanzende Filzengel – Ärmel
* Weihnachtsstern
* Bein der Weihnachtsmaus
* Schwanz der Weihnachtsmaus
* Tanzende Filzengel – Hut
* Wollwichtel
* Arm der Weihnachtsmaus
* Tanzende Filzengel – Cape
* Dosenengel

Lucia-Kleid ca. Größe 134

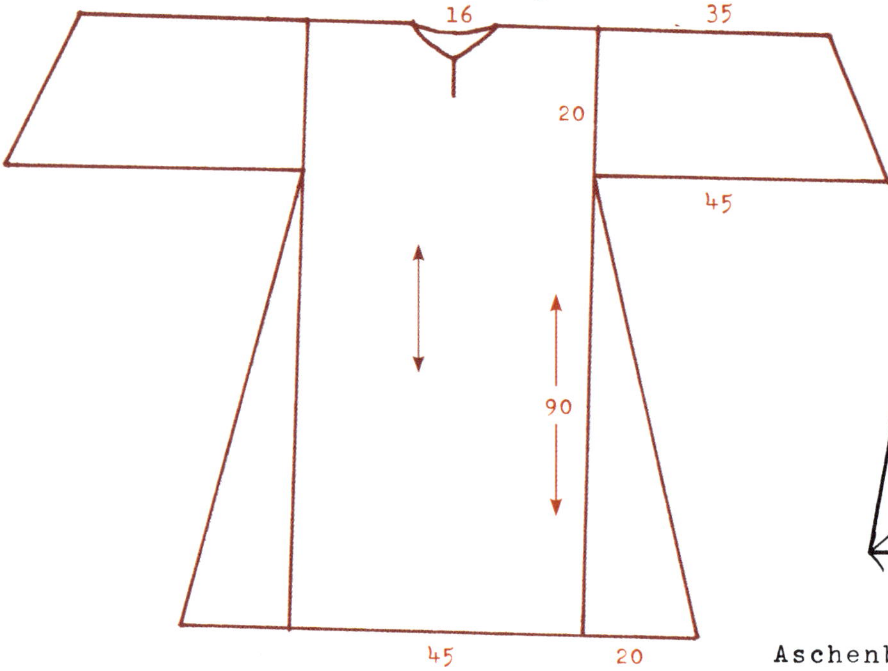

Schürze Aschenbrödel

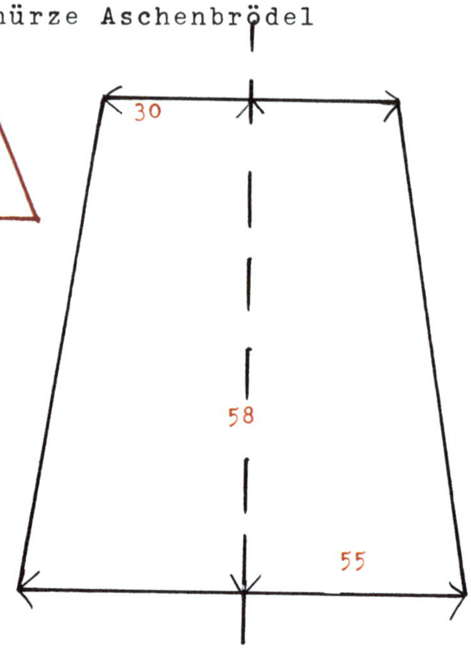

Aschenbrödelkleid ca. Größe 134
Ärmel Ballkleid

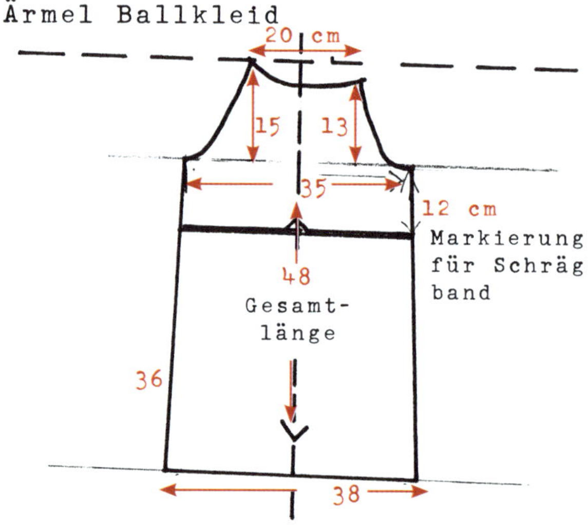

Sternenknabenhut

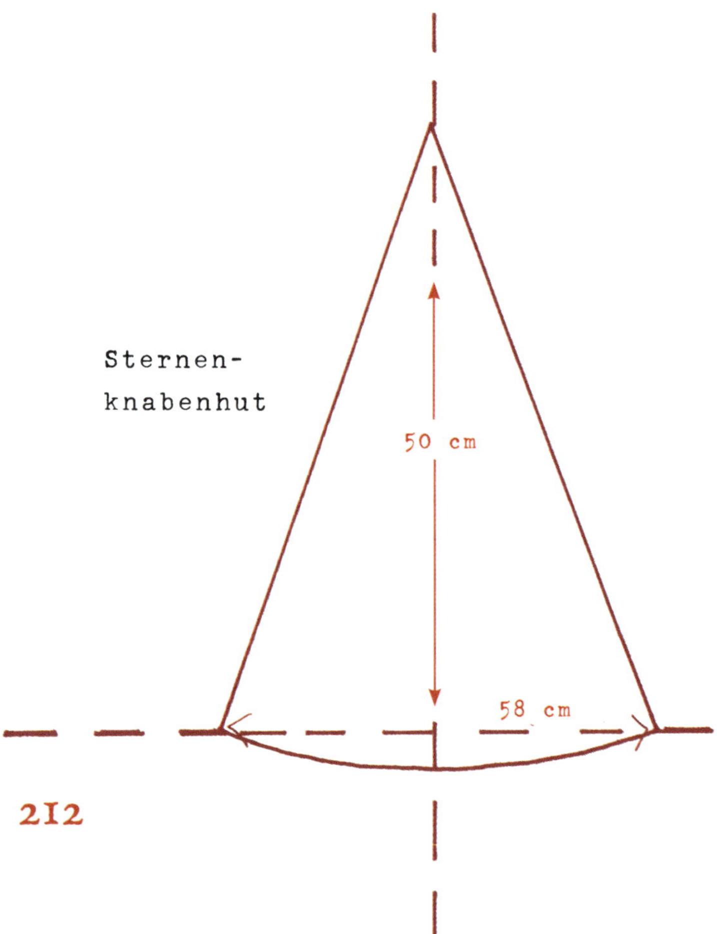

Aschenbrödelkleid ca. Größe 134
Ärmel Alltagskleid

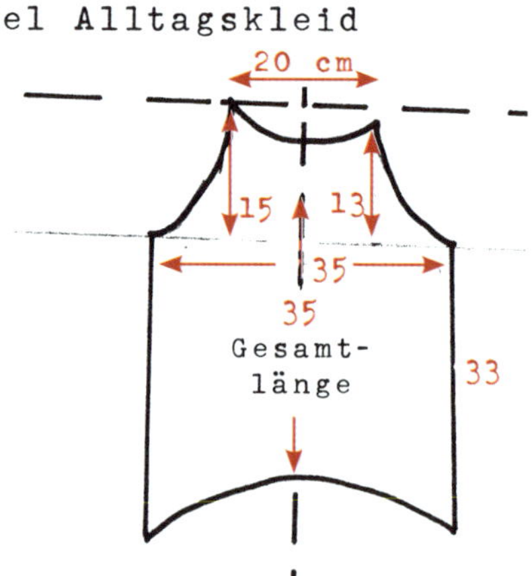

Aschenbrödelkleid ca. Größe 134, Vorderteil

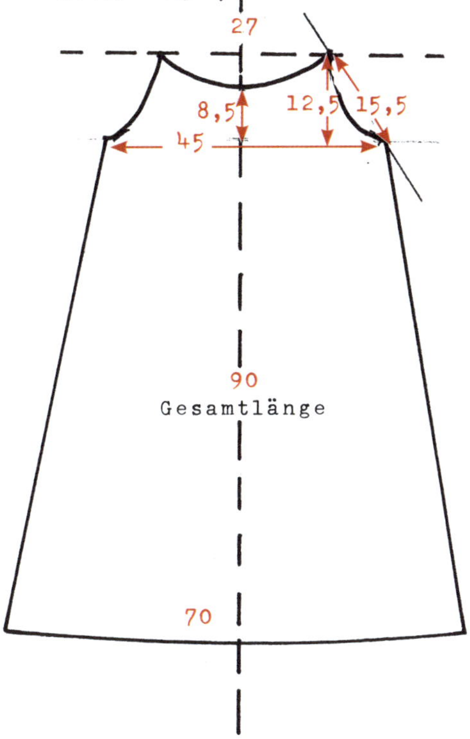

Aschenbrödel-Cape ca. Größe 134

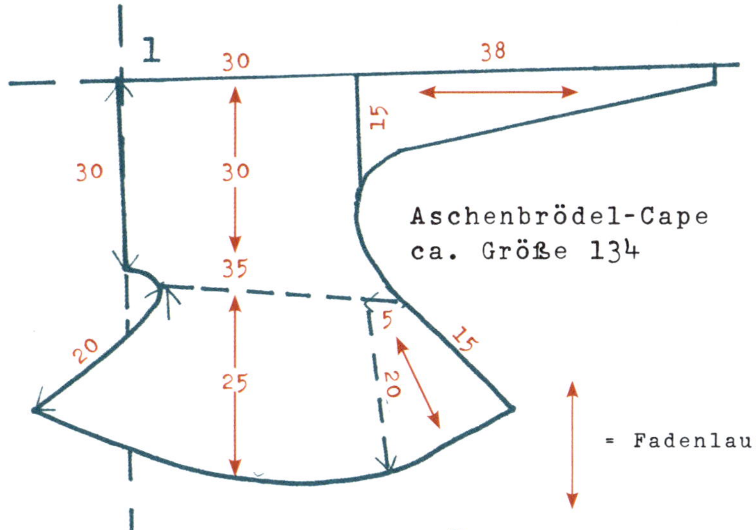

Ritterkappe in 3 Stücken

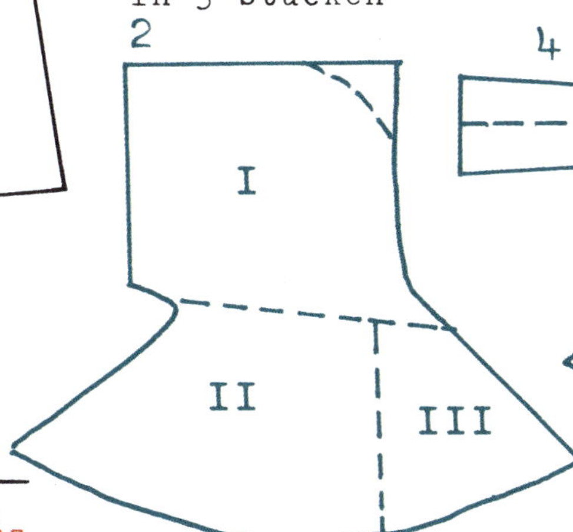

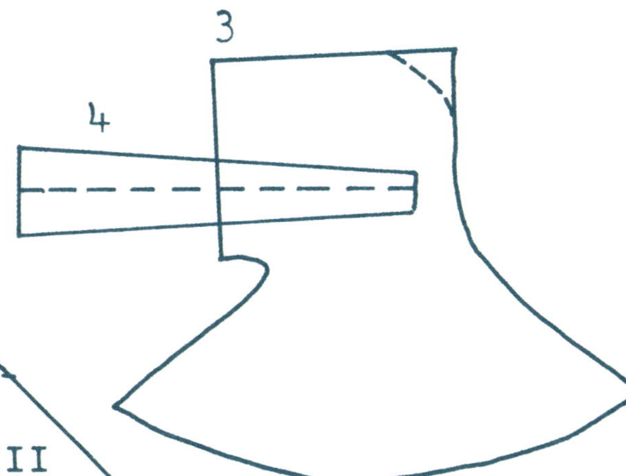

Ritterkappe aus einem Stück

Aschenbrödelkleid ca. Größe 134 Rückenteil

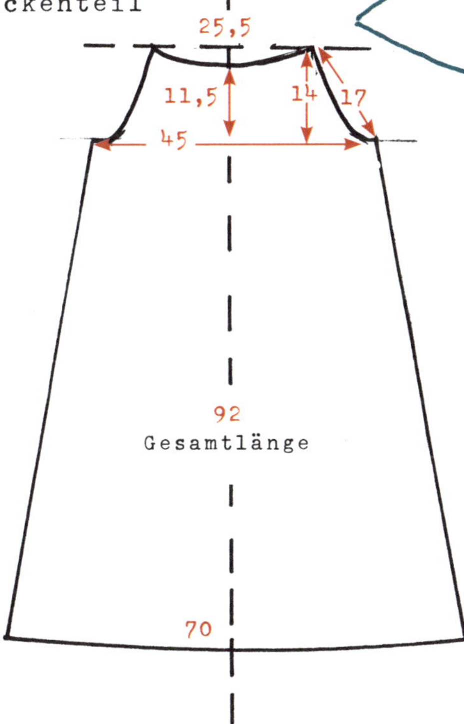

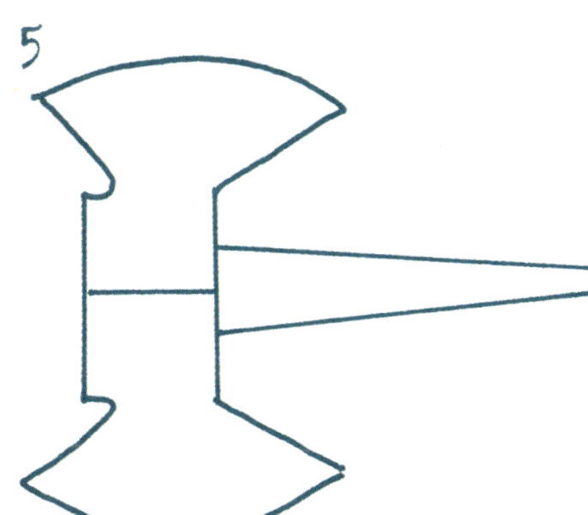

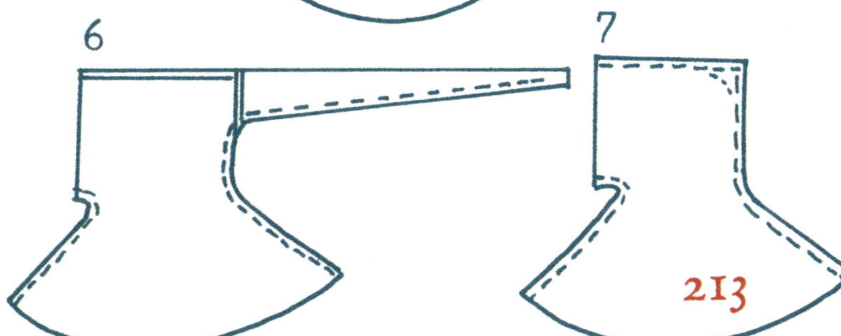

Papier-Schneeflocken

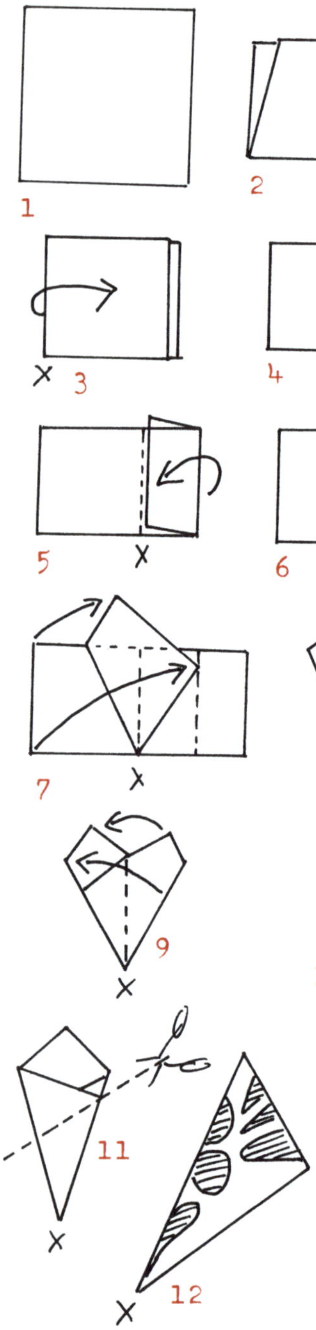

Fröbelsterne aus Papier und Birkenleder

Zweigrosen

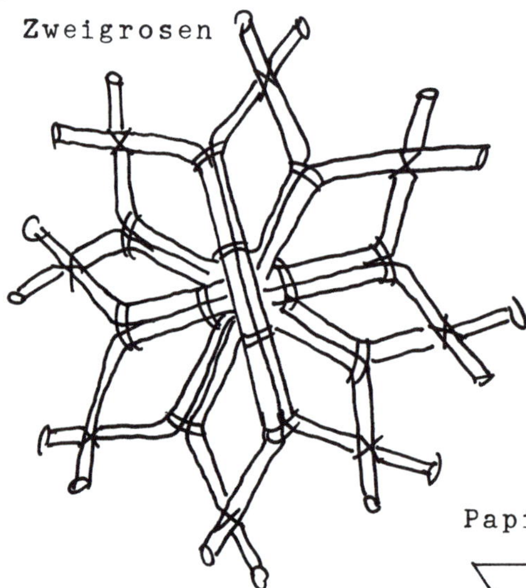

Bestickte Streichholzschachtel

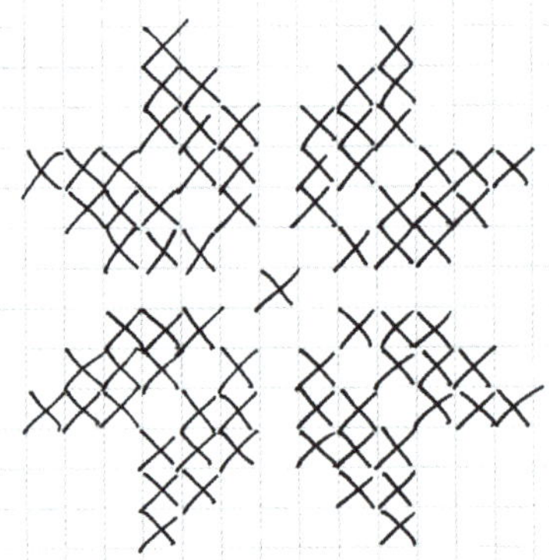

Papierlaternen

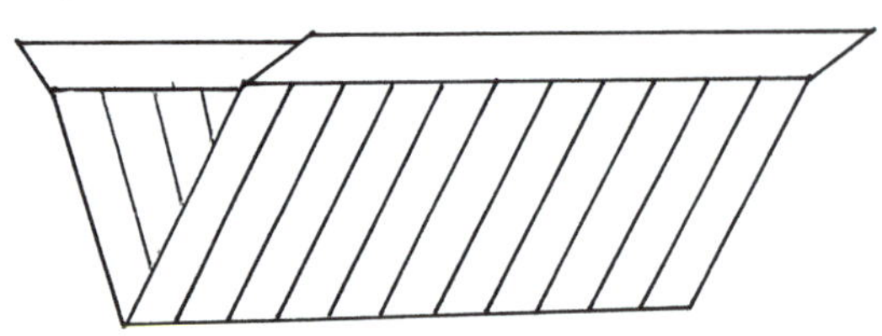

Register

Weitere kreative Köpfe

Glühbirnenengel von PåGløtt
PåGløtt, das sind M und E, zwei Freundinnen und Kolleginnen an einer weiterführenden Schule. Sie unterrichten Design und Handarbeit und toben sich auch außerhalb der Schule in diesen Bereichen aus. PåGløtt produzieren Dinge aus Recyclingmaterialien wie Metalldraht, Glühbirnen, Textilien und Papier. Die Produkte sind im Shop des Ryfylkemuseums, des Sunnhordland Museums und auf paaglott.epla.no erhältlich. Ihr Blog: paaglott.blogspot.no

Schale aus Kiefernzapfen von Mari Sandvær Kreken
Mari Sandvær Kreken ist ausgebildete Blumendekorateurin und autodidaktische Schneiderin. Sie interessiert sich für die Wiederverwertung von alten Textilien und fertigt auch kleinere Dekogegenstände an, wie beispielsweise die Schale aus Kiefernzapfen. Ihre Arbeiten sind bei Sukker in Trondheim, bei Skaperverket in Oslo und auf epla.no erhältlich. Ihre Website: www.sandvaerestetikk.no

Lärchenzapfenkranz von Befri & Bevar
Befri & Bevar ist ein Redesign-Laden in Sand in der Region Ryfylke, der von den Schwägerinnen Eli und Rigmor betrieben wird. In Zusammenarbeit mit Handwerkern vor Ort renovieren sie alte Qualitätsmöbel und andere Gegenstände mit Potenzial. Schauen Sie auf der Website und im Online-Shop vorbei: www.befriogbevar.no

Sponsoren

Der Großteil der von uns verwendeten Materialien bestand aus wiederverwerteten Dingen. Was darüber hinaus benötigt wurde, haben wir von unseren freundlichen Sponsoren, der Hillesvåg Ullvarefabrikk und Panduro Hobby erhalten.

Hillesvåg Ullvarefabrikk
Die Wollwarenfabrik Hillesvåg beliefert seit 1898 ganz Norwegen mit Wolle und Garn. Ihren Sitz sowie einen wunderschönen Fabrikshop haben sie in der Nähe von Bergen. Wenn man dort Woll- oder Garnwaren kauft, wird man immer sehr freundlich bedient. Zu einem kleinen Aufpreis liefert der Online-Shop auch nach Deutschland.

Hillesvåg Ullvarefabrikk AS
Leknesvegen 259
5915 Hjelmås
Norwegen
Tel.: + 47 56 35 78 00
www.ull.no

Panduro Hobby
Panduro Hobby ist eine ursprünglich dänische Bastelladenkette, die inzwischen auch Shops in Hamburg hat und über den Online-Shop überall in Deutschland erreichbar ist. Das Sortiment von Panduro Hobby besteht aus über 10.000 verschiedenen Artikeln, jedes Jahr wird ungefähr ein Viertel davon neu eingestellt.

www.pandurohobby.de

Bücher, die uns inspiriert haben

- *Juleverksted von Gerd Alfsen*, Cappelen Damm 1992
- *Julegleder – jul for hele familien* von Anne-Lise Mellbye und Ingrid Espelid Hovig, Gyldendal 1998
- *En kurv til min datter* von Kristin Solli Schøien, Luther Forlag 2003
- *Jul* von Liv Berit Tessem und Kjetil Wiedswang, Cappelen Damm 2010
- *Årets ritualer* von Helene Næss, Pax Forlag 2009
- *Adventskrans og julekrybbe* von Hans Petter Foss und Eyvind Skeie, Luther Forlag 1996
- *Jul i Norge – Gamle og nye tradisjoner* von Ørnulf Hodne, Cappelen Damm 2007
- *Jul – tradisjoner og forberedelser* von Kari Thunæs und Bjørg Lundeby, Cappelen Damm 1996
- *Den norske trolldeigboken* von Tone Bergli Joner, Cappelen Damm 1988
- *Den store juleboken for hele familien* von Anne-Lise Mellbye, Gyldendal 1981
- *Haugesunds husmorskoles kokebok*, Haugesunds avis forlag 1989

Titel der Originalausgabe: GOD JUL

frechverlag GmbH, 70499 Stuttgart
www.topp-kreativ.de

Fotos: May B. Langhelle
Umschlag- und Layoutgestaltung: Avrio design, Anne Vines
Satz: Sabine Ufer, Leipzig
Gesetzt mit: 9/13 pt. Gill

Übersetzung aus dem Norwegischen: Melanie Schirdewahn, Tatort Tekst, Köln
Produktmanagement und Lektorat: Anna Burger

Papier: 150 g Amber Graphic
Repro: RenessanseMedia AS, Asker 2013
Druck und Bindung: Livonia Print, Lettland 2014

1. Auflage 2014
ISBN: 978-3-7724-5968-9

Dankeschön an

- Mikkel, Ludvik, David und Elia. Sie haben sich bereitwillig als Models und Mithelfer zur Verfügung gestellt. Danke auch an Vidar, der mit einer von uns beiden auch nach diesem Buch noch verheiratet ist.
- unsere Mütter Wigdis und Sigrun, die uns das Nähen, Stricken und Häkeln beigebracht und uns sehr inspiriert haben. An Wigdis, die uns ganze Ordner mit alten Weihnachtsschmuck-Anleitungen gespendet hat. An Sigrun, die die Kränze und das Weihnachtsfrühstück gemacht hat. An Bjørn, der Buchenholzstäbe und den Weihnachtsbaum aus Rinde gesägt hat.
- Eli und Rigmor, die uns Dinge aus ihrem Redesign-Laden Befri & Bevar zur Verfügung gestellt haben.
- Eli für die Zurverfügungstellung des Bootshauses fürs Fotoshooting.
- Nina für die Zurverfügungstellung des Ateliers fürs Fotoshooting.
- PåGløtt, Rigmor von Befri & Bevar und Mari Sandvær Kreken.
- Gerdelin, die uns gezeigt hat, wie man einen Wacholderkranz bindet.
- Ada, Hanna, Herman und Elia, die für die Aschenbrödel- und Lucia-Serie gemodelt haben.
- Johannes, Pia, Simon, Selma, Tuva, Ella, Mikkel und Ludvik für ihre Klorollen-Wichtel.
- Suzanna für ein wundervolles Lussekatter-Rezept und Marthe für die Tipps und Tricks bei der Zubereitung von Brötchenteig.
- Eli, die uns beibrachte, wie man Wollengel bastelt.
- Tori und Anne-Marte für einen Plätzchenbackabend.
- Cecilie für die Idee mit den Holzherzen.
- Ann-Elisabeth für die Idee mit dem Stern an der Krippe in der Nussschale.
- Oddbjørn für die Zurverfügungstellung seines Autos fürs Fotoshooting.
- Siv, die irgendwann in der Kindheit die Anleitung für die Häkelherzen weitergegeben hat.
- Ann Kristin Njås Gjerde für ein tolles Lektorat, Anne Vines für das fabelhafte Layout und Synnøve Smedal für das großartige Projektmanagement.
- alle, die an uns und dieses Projekt geglaubt haben.